Johann Adam Hiller

Answeisung zum musikalisch-richtigen Gesange

Johann Adam Hiller

Answeisung zum musikalisch-richtigen Gesange

ISBN/EAN: 9783743379121

Hergestellt in Europa, USA, Kanada, Australien, Japan

Cover: Foto ©Thomas Meinert / pixelio.de

Manufactured and distributed by brebook publishing software (www.brebook.com)

Johann Adam Hiller

Answeisung zum musikalisch-richtigen Gesange

Anweisung

zum
musikalisch = richtigen

Gesange,

mit
hinlänglichen Exempeln
erläutert,

von

Johann Adam Hiller.

Leipzig,
bey Johann Friedrich Junius 1774.

Dem

Durchlauchtigsten Fürsten und Herrn,

H E R R N

Friedrich August,

Herzogen zu Sachsen,

Jülich, Cleve, Berg, Engern und Westphalen,
des heiligen Römischen Reichs Erzmarschalln und Churfürsten,
Landgrafen in Thüringen, Marggrafen zu Meißen, auch
Ober- und Niederlausiß, Burggrafen zu Magdeburg, gefür-
steten Grafen zu Henneberg, Grafen zu der Marck, Ra-
vensberg, Barby und Hanau, Herrn zu Ravenstein,

Meinem gnädigsten Herrn.

Durchlauchtigster Churfürst,

Gnädigster Herr!

Wenn bisher Sachsen vor allen deutschen Provinzen den Vorzug gehabt, daß nebst den Wissenschaften auch die Künste darinn am meisten geblüht haben, so verdankt es dieses Glück vornehmlich

dem

dem Geschmacke seiner glorwürdigen Beherrscher, die von ieher nicht nur Liebhaber, sondern auch Kenner und Richter der schönen Künste gewesen sind.

Ew. Churfürstl. Durchlaucht eifern dem rühmlichen Beyspiele Dero großen Vorfahren nach, und verbinden, unter andern bewundernswürdigen Eigenschaften, auch in der Musik, dieser Lieblings- kunst edler und fühlender Seelen, den gründlichsten Geschmack mit der vollkommensten Ausübung. Jedes, selbst das geringste Talent, fühlt sich durch die Hof- nung, von dem geliebtesten Fürsten Aufmerksamkeit und Beyfall zu verdienen, erhoben und angefeuert; und auch mich hat diese vielleicht zu kühne Hofnung

auf

auf der Bahn, die ich bisher betreten habe, mit verdoppeltem Eifer fortgetrieben.

In dem Werke, das ich Ew. Churfürstl. Durchlaucht hiermit unterthänigst zu überreichen wage, suche ich zur größern Vollkommenheit des Gesanges, worinne die Deutschen bisher den Ausländern noch am meisten haben nachstehen müssen, das Meinige beyzutragen. Der Endzweck selbst, weiß ich, kann einem für die Ehre seiner Nation in aller Absicht so patriotischgesinnten Fürsten nicht mißfällig seyn; desto mehr aber fürchte ich das Urtheil des erleuchteten Kenners, über die Art und Weise, wie ich zu diesem Endzwecke gearbeitet habe.

Wie groß würde mein Glück, und wie unendlich die Belohnung meiner geringen Arbeiten seyn, wenn sie nur des kleinsten Beyfalls von Ew. Churfürstl. Durchlaucht sollten gewürdigt werden! Ich ersterbe mit dem Ehrfurchtsvollsten Herzen eines getreuen Unterthans,

Durchlauchtigster Churfürst,
Gnädigster Herr,
Ew. Churfürstl. Durchlaucht

unterthänigster Knecht
Johann Adam Hiller.

Vorrede.

Jedermann singt, und der größte Theil singt — schlecht. Ein Compliment, das ich meinen lieben Landesleuten den Deutschen, (denn mit ihnen rede ich eigentlich) sehr ungern mache: nicht sowohl, weil ich den Vorwurf der Unhöflichkeit vermeiden möchte; als vielmehr, weil ich eine liebenswürdige Eigenschaft mehr an ihnen zu rühmen wüßte, wenn sich das Gegentheil mit größerer Zuverläßigkeit sagen ließe.

Die Ursache des meistentheils schlechten Gesanges der Deutschen suche man aber in nichts andern, als darinne, daß man ihn nicht genug, und nicht gehörig studiert. Genie zur Musik überhaupt, Anlage zum Gesange, d. i. Stimme, Biegsamkeit der Kehle, Einsicht und Gefühl wird man ihnen doch nicht ganz absprechen wollen? Oder wenn es ja Blödsinnige geben sollte, die darüber einigen Zweifel äußerten, so würden es wohl größtentheils ihre eigenen ausgearteten Kinder seyn, die sich ihres Vaterlandes schämen, und ihrem Herzen nie erlauben, einheimische Producte gut zu finden; denn die Ausländer selbst sind von ihrer ehemaligen Verachtung der deutschen Künstler sehr zurück gekommen. Die Vorzüge unserer Virtuosen sind längst von ihnen erkannt und eingeräumt. Den berühmtesten deutschen Componisten lassen selbst die

b

Itali-

Italiäner alle Gerechtigkeit wiederfahren, und schätzen sie nicht allein den ihrigen gleich, sondern ziehen sie ihnen öfters vor.

Aber im Gesange — ja freylich, im Gesange, stehen die Deutschen gegen die Italiäner noch sehr zurück; wenigstens ist die Zahl der gut Singenden unter jenen lange so groß noch nicht, als unter diesen. Eine Täuberinn, eine Schmelling, ein Raaff, und noch einige andere, die theils in Italien selbst, oder hin und wieder in Capellen angetroffen werden, nebst verschiedenen Dilettanten, unter denen sich sehr erhabene Personen befinden, welche die Ehrfurcht zu nennen verbietet, können zwar die Ehre der Nation in diesem Stücke retten; aber mehr beweisen sie doch nicht, als daß es gar wohl möglich sey, auch unter den Deutschen gute Sänger und Sängerinnen in hinlänglicher Anzahl zu haben, wenn man nur auf einheimische Talente aufmerksamer, und für ihre Ausbildung besorgter seyn wolte.

Es ist hier der Ort nicht, Vorschläge zu dieser Sache im Großen zu thun; aber zu einiger Verbesserung derselben im Kleinen, nach den mir von Gott verliehenen Kräften, beyzutragen, halte ich um so viel mehr für meine Pflicht, da die Musik von Jugend an mein Vergnügen, und zu allen Zeiten das Mittel gewesen, mich in der Welt fortzubringen; nun aber, seit einigen Jahren, mein Hauptgeschäft geworden ist.

Ich

Vorrede.

Ich weiß es aus der Erfahrung, was für schlechten Händen sich bisweilen ein junger lehrbegieriger Mensch, aus Mangel besserer Gelegenheit, überläßt. Ich mußte mit dem Clavierspielen in meinem zwanzigsten Jahre noch einmal von vorn anfangen, und würde ein Gleiches in Ansehung der Violin gern gethan haben, wenn meine damalige Verfassung erlaubt hätte, einigen Aufwand dafür zu machen. Im Gesange habe ich, von meinem zwölsten Jahre an, den Unterricht, wie er auf Schulen gewöhnlich ist, mit andern gemeinschaftlich genossen. Treffen und Tact war freylich wohl das Ziel, nach welchem wir laufen mußten; aber der Weg war so unsicher und holpricht, daß viel Zeit dazu erfodert ward, ehe man ihn ohne Stolpern gehen lernte. Die nach der Stufenfolge der Tonleiter an eine Tafel geschriebenen Exempel dieses oder jenes Intervalls waren immer bald gelernt; aber wenn eins dieser Intervalle außer der Reihe angegeben werden sollte, so gieng es uns, wie dem ehrlichen Corporal Trim beym Tristram Shandy, der das vierte Gebot sehr gut wußte; aber nur, wenn er beym ersten anfangen durfte. Vom guten Gebrauche der Stimme, vom bequemen Athemholen, von einer reinen und deutlichen Aussprache, so wesentliche Stücke sie auch beym Gesange sind, ward wenig oder nichts erwähnt.

Wenn dieß nun die Pflanzgärten sind, in welchen Sänger gezogen werden sollen, so muß man sich nicht wundern,

daß

daß der Gesang der Deutschen noch eine so schlechte Figur macht; gleichwohl sind mir keine ander öffentliche Institute bekannt, oder ihre Einrichtung ist gewiß eben so unbedeutend.

Beym Studieren des Gesanges auf Schulen findet sich auch noch das Mangelhafte, daß das weibliche Geschlecht gar keinen Antheil daran hat. Der nächste Endzweck ist daselbst, Sänger für die Kirche zu ziehen; und einem albernen Vorurtheile zu Folge schließt man Frauenzimmer von einer Sache aus, deren vornehmste Zierde sie seyn könnten, und zu der sie gewiß eben so viel Recht haben, als jene überschriene und fistulirende Sopran-oder Altstimmen bärtiger oder unbärtiger Knaben. Aber wenn nun auch Frauenzimmer zur Kirchenmusik nicht gezogen werden könnten, sollte ihnen denn die Geschicklichkeit in der Musik, und besonders im Singen, nicht auch außer der Kirche nützen? Hätte nicht manche gute Sängerinn schon können gezogen werden, die ihr Glück in der Welt gefunden, und ihrem Vaterlande Ehre gemacht hätte? Und wenn das ist, warum vernachläßigt man denn den musikalischen Unterricht so gänzlich beym weiblichen Geschlechte? — Es wird nicht bezahlt — O, meine Freunde, wenn wir in der Welt nichts weiter thun wollen, als was bezahlt wird, so sind wir ihr sehr wenig nütz gewesen! Wer sich damit der Arbeit zu entziehen sucht, der klage nicht, daß sein Amt schlecht ist; er ist gewiß ein noch schlechteres Amt nicht werth.

Als

Vorrede.

Als Doctor Burney auf seiner Reise durch Deutschland hieher nach Leipzig kam, wunderte er sich, daß er so wenig gute Sänger unter den Deutschen fände, da er doch gehört hätte, daß in allen großen und kleinen Städten Singschulen wären; aber Singschulen, in dem Verstande wie sie der Doctor nahm, sind von unsern lateinischen Stadtschulen, in welchen man freylich auch singen lernen soll, sehr unterschieden. Die italiänischen Conservatorien schwebten ihm immer noch in den Gedanken; aber diese in Deutschland zu suchen, war nun wohl ein Irrthum.

Wenn ich hier über das Mangelhafte der öffentlichen Schulen, in Ansehung des musikalischen Unterrichts klage, so will ich das nicht so durchgängig von allen verstanden wissen. Es sind mir geschickte und rechtschaffene Männer in musikalischen Schulämtern bekannt, die es an Fleiß und Eifer nicht fehlen lassen, und gewiß mehr thun, als ihnen ein oft unerkenntliches Publicum verdanckt. Bey andern weiß ich alle die Hindernisse, die ihnen in den Weg gelegt werden, daß sie nie ihre Absichten erreichen können. Die erstern wird der Himmel belohnen, und vernünftige Menschen werden die letztern bedauern. Diese Männer sind es nicht, die ich durch mein Werk belehren will; sie können zum Theile meine Lehrer seyn, und ihre Anmerkungen, die sie mir über gegenwärtige Arbeit machen wollen, werde ich mit Vergnügen zu nutzen suchen.

Aber

Vorrede.

Aber wozu ein neues Buch, da es uns doch an Singan=
weisungen nicht fehlt? Freylich könnte ich leicht etliche Bo=
gen anfüllen, wenn ich alle Compendien der Musik, alle An=
leitungen zum Singen, die seit zwey hundert Jahren in
Deutschland gedrukt worden, anführen wollte. Ich zweifle,
daß ie in Italien, wo man doch gewiß besser singt, so viel
Bücher darüber sind geschrieben worden. Sie müssen dem=
nach entweder nicht viel nütz, oder nicht gehörig gebraucht
worden seyn: von beyden ist etwas wahr. Die eine Hälfte,
die bis zum Anfange dieses Jahrhunderts geschrieben worden,
ist nach der Guidonischen Solmisation eingerichtet, auch sonst
in andern Dingen sehr mangelhaft. Die neuern tragen die
Anfangsgründe der Musik zwar auf eine bequemere Art vor,
ergänzen auch zum Theile die Mängel, die jene haben: aber
ein anderes ist, Erklärungen von einer Sache geben; ein an=
deres, die practische Anwendung sogleich damit verbinden.
Im letztern Falle wird der Lehrer öfters sehr langsam gehen,
und einen ieden einzelnen Umstand oft wiederholen, oft üben
müssen; im erstern aber treibt ihn die Hitze zum Erklären
fort, bis das Capitel zu Ende gebracht, und alle Materien,
so wie es der Zusammenhang erfodert, erschöpft sind. Im
Buche mag das eine ganz gute Methode seyn; aber zum pra=
ctischen Unterrichte möchte man doch wohl eine andere Oeco=
nomie wünschen.

Die=

Vorrede.

Diese Betrachtungen haben mich bewogen, einen Versuch zu wagen, ob ich eine zulänglichere und zugleich bequemere Methode vorschlagen könnte; und so ist gegenwärtiges Buch entstanden, wovon ich ietzt einige Rechenschaft geben will.

Im Gesange kömmt es hauptsächlich auf zwey Stücke an, auf Richtigkeit und Zierlichkeit. Für jene muß nothwendig zuerst gesorgt werden, und sie ist das Hauptwerk in gegenwärtigem Buche. Die Abhandlung des zweyten Stücks ist einem andern Werke vorbehalten, welches, wenn Gott will, bald folgen soll, und von dessen Inhalte ich hier hin und wieder etwas erwähnt habe. Doch konnte ich die Manieren nicht so ganz übergehen, daß ich nicht den Sänger vorläufig damit bekannt machte, und zur Uebung derselben ermahnte. Statt der Capitel habe ich lieber die Eintheilung in Lectionen gewählt, und mich in der Einleitung darüber erklärt. Man bilde sich aber nicht ein, daß ich für iede Lection auch nur eine Stunde Zeit bestimme, und daß man in einer Woche, wenn vier Singstunden gehalten werden, auch mit vier Lectionen fertig werden müsse: nein, man nehme sich Zeit, bis alles richtig begriffen, und der Kehle des Sängers geläufig geworden. Besonders unterlasse man nicht, ihn mit mehrern Tonarten, und endlich mit allen bekannt zu machen; man thue das auf so eine Art, daß man den Scharfsinn des Schülers selbst arbeiten läßt, und lege ihm nichts als bloße

Ge-

Vorrede.

Gedächtnißsache vor. Zu dem Ende versäume man nie, die im Buche enthaltenen Exempel in zwey bis drey andere Tonarten zu übersetzen, und entweder an eine Tafel oder auf ein anderes Blatt Papier zu schreiben. Das Auge muß gewöhnt werden viel Dinge auf einmal zu übersehen, zu vergleichen, und vom Gedächtnisse nur das zu fodern, was es ihm selbst aufzuheben gegeben hat. Und so, wenn eine Lection gut gefaßt ist, gehe man erst zu einer andern fort, ohne zu fragen, ob man vier oder sechs Stunden Zeit dazu gebraucht hat. Sat cito, si sat bene.

Bey dem allen glaube ich doch, daß man mit den vierzehn Lectionen dieses Buchs in einem halben Jahre durchkommen könne, wenn man auf die Woche vier Stunden rechnet; und sollte auch ein ganzes Jahr darüber hingehen, so ist das doch immer gegen die Zeit von drey bis vier Jahren, die man in den italiänischen Singschulen mit Solmisiren zubringt, ein gar kurzer Zeitraum. Ich habe die Arbeit des Lehrers dadurch zu vermindern gesucht, daß ich die Notenexempel, die in dem Buche enthalten sind, unter dem Titel: Exempel-Buch der Anweisung zum Singen, besonders abdrucken lassen, und folglich die Mühe des Anschreibens an eine Tafel, wenigstens in der Hauptsache, unnöthig gemacht habe. Dieses aus wenigen Bogen bestehende Exempelbuch kann mit geringen Kosten in die Hände eines ieden Singschülers gebracht werden, und ist vermöge der kurzen

Erklä-

Vorrede.

Erklärungen, die ich beygefügt habe, zur Wiederholung der Lectionen außer den Lehrstunden sehr bequem.

Die Exempel sind von zweyerley Art: entweder Erläuterungs- oder Uebungsexempel; doch müssen die erstern, bis auf einige wenige, die blos für das Auge, oder den Verstand sind, eben so fleißig geübt werden, als die andern.

Wenn ich in der Vorstellung gewisser Lehren von der bekannten Weise abgehe, so ist es nicht geschehen, um Aufsehen zu machen, oder mit eigenen Meynungen und Hypothesen zu prahlen, sondern weil ich mir einen größern practischen Nutzen davon versprach. Diese Anmerkung gilt besonders von meiner Vorstellung der weichen Tonleiter, ingleichen von der Art die Intervalle abzuzählen, und zusammen zu setzen, oder zu suchen. Bey dem allen erkühne ich mich nicht zu behaupten, daß ich den Weg zur Erlernung des Gesanges um vieles verkürzet; sicherer und zuverläßiger aber habe ich ihn gewiß gemacht. Und wenn ich von meinem Sänger nicht Kenntnisse, nicht gründliche Einsicht verlangte, so könnte ich ihn mit mancher theoretischen Erklärung, mit mancher Distinction verschont, und von verschiedenen Dingen weniger ausführlich geredet haben: aber der Gesang muß nicht blos als eine mechanische Kunst, oder als eine Profession erlernt, sondern als eine Wissenschaft studiert werden; und einem Schüler, der diese Dinge faßt, werden sie allemal mehr helfen als schaden; dem, der sie nicht faßt, können sie zur Erinnerung rierung dienen, daß er bey mittelmäßigen Fähigkeiten sich auch nichts Großes von sich versprechen müsse. Der Anhang dieses Buchs gehört zu den überflüßigen Dingen, die ich gar nicht für überflüßig halte, und ich bin gewiß, daß ihn auch viele Leser nicht dafür halten werden.

Meiner Methode gemäß habe ich die Materien öfters an verschiedene Oerter im Buche herum gestreut: sie genauer mit einander zu verbinden, und unter einen Gesichtspunct zu stellen, war ich Anfangs willens, ein Register beyzufügen; da ich aber bedachte, daß mein Buch nicht zur Belehrung über einzelne musikalische Materien, und zum Nachschlagen, sondern zu einem zusammenhängenden practischen Unterterrichte geschrieben sey, so glaubte ich die Mühe ersparen zu können. Zurückweisungen von einer Lection zur andern, und von einem Paragraph zum andern, kommen ohnedem häufig darinne vor.

Im Vortrage selbst habe ich mich überall leicht und deutlich auszudrücken gesucht; und wenn man auf einige anscheinende Dunkelheiten stoßen sollte, so werden sie mehr in der Sache, und in der Zerstreuung liegen, mit welcher man liest. Hin und wieder habe ich mir einen scherzhaften Einfall verziehen, von welchem ich nicht weiß, ob mir ihn der Leser verzeihen wird. Verliert sich dieser Einfall bisweilen in Tadel, gränzt er an Spötterey, so traue man mir zu, daß ich nie die Absicht gehabt habe, iemanden persönlich zu beleidi-

gen,

gen, selbst wenn ich Dinge berühre, gegen die der Tadel nicht scharf genung, und die Spötterey nicht auffallend genug seyn kann. Diese kleinen Ausschweifungen hielt ich für nöthig, um die Lesung eines solchen Buchs weniger verdrüßlich zu machen. Ich habe eine Grammatik der Musik geschrieben, die jener blühenden Schreibart, wodurch uns die Lectüre einer Schrift angenehm wird, eben so wenig fähig ist, als eine jede andere Grammatik. Dieser Boden trägt keine Blumen, und wenn man einige hin und wieder darauf erblickt, so sind sie nur leicht darüber hingestreut.

Aus der oben erwähnten Menge gedruckter Singanweisungen muß ich ein Paar nahmhaft machen, die sich vor den andern sehr auszeichnen, und die ich selbst bey meiner Arbeit bisweilen zu Rathe gezogen und angeführt habe. Die erste ist von einem Italiäner, Namens Tosi, einem Sänger von Profession; dieß erwirbt seinem Buche schon ein gutes Zutrauen. Kein geringeres erwirbt ihm der Umstand, daß es Herr Agricola in Berlin, ein Mann, der den guten Gesang vollkommen kennt, ins Deutsche übersetzt, und mit solchen Zusätzen und Anmerkungen bereichert hat, daß es nun verdiente, aus dem Deutschen wieder ins Italiänische übersetzt zu werden. Für Anfänger in Schulen ist dieß Buch nicht, oder es müßte eine andere Einrichtung haben; wenn aber ein Sänger, von der Schule an, nach höherer Vollkommenheit

im

Vorrede.

im Gesange strebte, so wüßte ich ihm kein besseres Buch vor-
zuschlagen.

Herr Marpurg, dieser um die Theorie der Musik so sehr
verdiente Mann, hat außer seinen größern Werken auch ein
kleines Büchelgen, unter dem Titel: Anleitung zur Musik überhaupt, und zur Singkunst besonders, drucken
lassen, das in Ansehung der theoretischen Lehren sehr reich-
haltig, aber zum Gebrauche der Singschulen nicht zureichend
ist, weil es nicht genug practische Exempel hat. Richtige und
ordentliche Begriffe von allem, was die Musik angeht, kann
man daraus holen; aber der Kehle des Sängers giebt es
nicht hinlängliche Beschäftigung. Herr Marpurg hat das
selbst so gefunden, und macht deswegen in der Vorrede des
gedachten Werkchens zu einem Nachtrage Hofnung; diese
Hofnung aber, und noch größere, die sich die Musik von ihm
machte, sind nun verschwunden, da er sich gänzlich von ihr
geschieden hat.

Es würde Undank seyn, wenn ich ein Paar Männer
nicht hätte nennen wollen, die ich hoch schätze, die mich ihrer
Freundschaft würdigen, und die mir mit ihren Arbeiten bey
der meinigen zu Statten gekommen sind.

An.

Anweisung

zum

Singen.

Anweisung.
zum Singen.

Einleitung,

Welche von den Eigenschaften der menschlichen Stimme handelt, auch einige für den Lehrer und Schüler nöthige Anmerkungen enthält.

§. 1.

Die Kunst musikalisch schön zu singen setzt folgende **vier Stücke** voraus:

1) Eine **gute Stimme** zu haben, und mit derselben eine **reine** und **deutliche Aussprache** zu verbinden.

2) Die Noten, und alle durch dieselben vorgeschriebenen Intervallen, **genau** und **richtig anzustimmen**, oder, wie man sonst sagt, **zu treffen.**

3) Jede Note, nach ihrer verschiedenen Geltung, in der ihr zukommenden **Dauer der Zeit** vorzutragen, das ist: **tactrichtig zu seyn.**

4) Dem Gesange den gehörigen **Nachdruck**, und alle **Zierlichkeit**, deren er fähig ist, zu geben.

Auf diese vier Stücke wird sich alles, was in gegenwärtigem Werke gesagt werden soll, beziehen. Sie bestimmen gewißermaßen die Abtheilungen desselben; doch nicht so in successiver Ordnung, daß,

wenn

wenn itzt ein Capitel geendigt ist, das andere, mit der Ueberschrift an der Stirn, seinen Anfang nähme. Die Ausübung verbindet diese Stücke mit einander: sie können daher in einem Buche, das zum praktischen Unterrichte dienen soll, nicht wohl getrennt werden. Der Sachen, die zur Vollständigkeit eines solchen Capitels gehören, sind außerdem immer so viel, und der Schüler, der eine Menge von Erklärungen auf einen Haufen geschüttet bekömmt, weiß so wenig, was er damit anfangen soll, daß er viele wieder vergessen hat, ehe ihm Gelegenheit gegeben wird, sie in Ausübung zu bringen. Ich habe daher lieber von dem gewöhnlichen Zuschnitte solcher Lehrbücher abgehen, und eine andere Abtheilung, nach **Lectionen,** wählen wollen, in denen ich eine Materie mit der andern verbinde; mit wenigem und mit dem leichtesten anfange; aber immer zu mehrern und wichtigern Dingen, so wie sie einander die Hand bieten, fortschreite.

§. 2.

Das zweyte und dritte der genannten vier Stücke sind daher durchaus in Verbindung mit einander vorgetragen worden, so wie sie in der Ausübung beständig vereinigt vorkommen, und so wie ich glaubte, daß der Singschüler, von der ersten Lection an, in der Kenntniß musikalischer Dinge und deren Ausübung immer einen Schritt weiter gebracht werden müsse. Ich habe also in den ersten Lectionen meine Hauptabsicht blos auf das so genannte **Treffen** gerichtet, und nur von denjenigen Anfangsgründen der Musik umständlich geredet, welche darauf Beziehung haben; beyläufig habe ich einigemal, und blos Vorbereitungsweise, Materien damit verbunden, die eigentlich zur Lehre vom **Tacte** gehören. Sobald ich aber von der Geltung der Noten, und ihrem verhältnißmäßigen Werthe gegen einander, zu reden anfange, so wird auch die Lehre vom Tacte meine Hauptsache, und das, was ich noch über das Treffen zu sagen habe, ist dieser untergeordnet.

§. 3.

§. 3.

Das vierte Stück, oder die Auszierung des Gesanges, mußte so lange verschoben bleiben, bis der Grund dazu gehörig gelegt, oder das, was zur Festigkeit des Gesanges von Seiten der Ton- und Tactrichtigkeit erfodert wird, ins Reine gebracht war. Es wird daher von hieher gehörigen Dingen in den ersten Lectionen nur bey= läufig, und nur dann gehandelt werden, wenn sie mit den daselbst vorgetragenen Lehren in nothwendiger Verbindung stehen, oder wenn sie als Dinge, die viel Uebung erfodern, auch zeitig in Uebung gebracht werden müssen; wie z. E. mit dem Trillo in der ersten Le= ction geschehen ist.

§. 4.

Zur weitern Ausführung des oben angegebenen ersten Stücks ist gegenwärtige Einleitung eigentlich bestimmt. Außer dem, was über die Stimme, und die reine Aussprache überhaupt zu sagen ist, sollen noch einige nöthige Erinnerungen für den Lehrmeister so= wohl, als für den Schüler gemacht werden.

§. 5.

In Ansehung der Stimme kommen folgende drey Fragen in Be= trachtung: 1) Welches sind die Eigenschaften einer guten Stimme? 2) Wie können die Fehler der Stimme verbessert werden? 3) Wo= durch ist die Stimme lange gut zu erhalten, oder, welches auf eins hinaus läuft, wodurch wird sie verdorben?

§. 6.

Eine gute Stimme muß hell, rein, stark, biegsam, fest, leicht, gleich und von beträchtlichem Umfange seyn. Die= se Eigenschaften der Stimme finden sich selten alle beysammen; sie sind ein Geschenk der Natur, und man weiß, daß diese mit ihren Gaben nicht immer in gleichem Maaße freygebig zu seyn pflegt. Fleiß und Uebung können indeß den Fehlern, die sich in der Stimme zeigen, einigermaßen abhelfen, und den Mangel ersetzen, den die Natur gelassen hat.

A 3 §. 7.

§. 7.

Hell ist die Stimme, wenn sie durch den offenen Mund, ohne Zwang und Drücken der Kehle, frey aus der Brust heraus kömmt. In Betrachtung deßen hat der Lehrmeister darauf zu sehen, daß der Schüler die Zähne nicht zusammen beiße, sondern in solcher Entfernung von einander halte, daß man mit dem kleinen Finger bequem dazwischen kommen könne. Die Lippen müssen sodann einwärts gezogen werden, so daß sie die obere Reyhe der Zähne ganz, die untere aber halb bedecken. Ueberhaupt ist die Miene eines sanften Lächelns, wobey der Mund sich etwas in die Breite zieht, die anständigste beym Gesange, und die bequemste zur Hervorbringung eines guten Tons der Stimme.

Wenn der Ton mit der Kehle an den Gaum des Mundes angedrückt wird, so fällt er ins Unangenehme, und es entsteht daraus der Fehler, den man **durch die Nase singen** nennt. Eine schnarrende oder kreischende Stimme, wie meistentheils die *) **Falset-** oder **Fistelstimme** erwachsener Mannspersonen ist, gehört auch nicht unter die guten Stimmen. Ueberhaupt ist es schwer, den guten Ton der Stimme mit Worten zu beschreiben; eine einzige gute Stimme gehört zu haben, ist besser, als alle Beschreibungen zu lesen, die davon in Büchern gemacht werden. Man bemühe sich alsdann seiner Stimme diesen Klang zu geben, so weit es möglich ist; denn zu einer völligen Gleichheit dürfte man es schwerlich bringen. Die Anmerkung des Herrn **Agricola** in **Tosi** Anleitung zur Singekunst S. 36. ist sehr richtig: „Wie nicht leicht zweene Men-„schen gefunden werden, deren äußerliche Gestalt einander in allen

„voll-

---

*) Es ist hier nicht die Rede von den Tönen der Falsetstimme, welche in den Bezirk der natürlichen, um ihren Umfang weiter zu machen, gezogen werden, wovon im §. 14. geredet werden soll; sondern von derjenigen durchaus erzwungenen Stimme erwachsener Mannspersonen, da z. E. einer, der natürlich den Baß singt, mit ganz veränderter Stimme den Alt oder gar Discant zu singen unternimmt. Von dieser Art braucht man eigentlich den Ausdruck: durch die Fistel singen.

„vollkommen gleich ist: also werden auch nicht leicht ihrer zween an-
„getroffen, deren Stimmen einander, in aller Betrachtung, vollkom-
„men gleich wären„ Von den übrigen Eigenschaften der Stimme
läßt sich etwas bestimmter reden.

§. 8.

Eine gute Stimme muß **rein** seyn; das ist: sie muß jeden Ton
deutlich und genau, weder zu hoch noch zu tief angeben; im Halten
des Tons weder aufwärts ziehen, noch abwärts sinken. An diesem Fehler, wenn er sich findet, ist mehr das Gehör, als die Kehle
oder die Stimme selbst Schuld. Wenn der Lehrer und der Schüler Geduld genug haben, und sich keine Mühe verdrießen lassen, so
ist ihm wohl noch abzuhelfen; und wenn sonst der Klang
der Stimme gut ist, so verlohnt es sich auch der Mühe, sich es ein
wenig sauer damit werden zu lassen. Ein merkwürdiges Beyspiel
erzählt Herr **Marpurg** in seiner Anleitung zur Singkunst, auf der
14ten Seite. Der Fehler der Unreinigkeit findet sich am öftersten,
wenn die Stimme nicht stufenweis fortschreiten, sondern einen
Sprung machen soll, da sie sich dann durch verschiedene dazwischen
liegende mißlautende Töne hindurch schleppt, bis sie mit Mühe und
Noth den rechten Ton erreicht. Dieser Fehler verliert sich meistentheils von selbst, wenn der Schüler in der Fertigkeit des Treffens
zunimmt, und sein Gehör schärfer geworden ist.

§. 9.

Ich muß hier noch eines andern Fehlers gedenken, den junge
Personen, besonders weiblichen Geschlechts, an sich haben, wenn sie je-
dem Tone einen kurzen Vorschlag von oben vorsetzen, welcher insgemein die Secunde, bisweilen gar die Terz davon ausmacht. Ihre
Scale singen sie so:

Ihr

Ihr Morgenlied so:

Wach auf, mein Herz, und sin = ge

Wenn ein vierstimmiger Choral in allen Stimmen so gesungen würde, müßte er gewiß eine sonderbare Wirkung thun. Diesen Fehler nun muß ein Singmeister seinen Scholaren sogleich abzugewöhnen suchen. Aber ist es wohl nöthig, wann von Fehlern die Rede ist, allemal hinzu zu setzen, daß sie abgeschaft werden müssen?

§. 10.

Der Unterschied einer **starken** und **schwachen** Stimme ist unter allen Eigenschaften derselben die begreiflichste, und jedes Ohr kann davon Richter seyn. Zweyerley ist Schuld, wenn die Stimme zu schwach ist: entweder eine natürliche Schwäche des Körpers, und besonders der Lunge, oder eine gewisse Furchtsamkeit. Im ersten Falle kann eine auf Verstärkung der Stimme gerichtete mäßige Uebung, im andern aber freundliches Zureden, auch wohl mit unter ertheiltes Lob, den Ton der Stimme mit der Zeit verbessern und stärker machen. Die faulen Sänger, bey denen weder eine schwache Lunge, noch eine auf feines Gefühl gegründete Furchtsamkeit Schuld an dem Fehler ihres Gesanges ist, müßten durch ganz andere Mittel verbessert werden; oder klüger ist es, wenn man sich gar nicht mit ihnen abgiebt, weil die Natur sie nicht zu Sängern bestimmt zu haben scheint. Man verwechsele aber auch hier eine natürlich starke oder volle Stimme nicht mit einer gewaltsam heraus gepreßten; weil nur von dem die Rede ist, was die Natur freywillig giebt, und nicht von dem, was man ihr abzwingt. Eine gute starke Stimme muß ohne Zwang stark, d. i. sie muß leicht seyn. Ein guter Sänger muß auch verschiedene Grade der Stärke und Schwäche in seiner Gewalt haben, und sich deren zu bemächtigen, ist es nöthig

thig, daß der Schüler bald mit starker, bald mit halb starker, bald mit schwacher Stimme singe.

§. 11.

Biegsam ist die Stimme, wenn sie sich in alle Wendungen der Melodie leicht zu fügen weiß, und wenn ihr der Uebergang von einem Tone zum andern, selbst in der geschwindesten Bewegung, weiter keine Mühe macht. Bey dem allen muß sie doch auch fest seyn, und selbst in den längsten Haltungen eines Tons weder zittern, noch hin und her wanken.

§. 12.

Was sich von der Leichtigkeit der Stimme sagen läßt, läuft mit dem, was im vorigen Paragraph gesagt worden, auf eins hinaus: doch kömmt der Gebrauch des Athems hierbey noch in Betrachtung. Wenn jeder Ton einen ganzen Athem kosten sollte, so möchte es wohl mit dem Gesange eine beschwerliche Sache seyn; und denen, die nicht zween Töne in einem Athem singen können, ist in der That nicht zu rathen, sich mit Singen abzugeben. Indeß wird immer ieder Anfänger mehr Athem heraus stoßen, als nöthig wäre, und es ist eine von den Hauptpflichten eines Singmeisters, seine Schüler zur Ersparung des Athems gleich Anfangs zu gewöhnen. Beyläufig soll in diesem Buche mehr davon vorkommen.

§. 13.

Wenn die tiefen Töne der Stimme nicht stumpfer oder matter, und die hohen Töne nicht schreyender als die mittlern sind, so ist die Stimme gleich. Wollte man indeß eine Ungleichheit der Stimme für nothwendig halten, so wäre es diese, daß die Töne, ie höher sie steigen, immer feiner und dünner, die tiefern aber voller und dicker werden müssen, als die Töne in der mittlern Gegend der Stimme sind. Ein Lehrer des Gesanges hat daher beständig darauf zu sehen, daß seine Singschüler den Ton der Stimme immer mehr mäßigen, ie höher er steigt, und lieber die hohen Töne unberührt lassen, die sie

B   nicht

nicht mit Leichtigkeit und ohne Zwang erreichen können. Dagegen lasse er sie, wenn die Töne sich nach der Tiefe wenden, den Mund immer voller nehmen, damit diese etwas dicker werden. Mit dieser Anmerkung wünschte ich besonders gewißen unverständigen Baßsängern zu dienen, welche die hohen Töne mit solcher Gewalt herausstoßen, daß man eher den verwundeten **Mars** beym **Homer,** als einen für das Ohr seiner Zuhörer besorgten Sänger zu hören glaubt; dagegen drücken sie in den mittlern und tiefern Tönen die Kehle so zusammen, daß diese halb darinne stecken bleiben. Ihr Ton in der Höhe ist ein Donnerwetter, und in der Tiefe ist er dem Knarren eines Wagenrades ähnlich.

§. 14.

Die feinern Töne in der Höhe gehen leicht in eine Art Stimme über, welche man die **Falset=** oder **Fistelstimme** nennt. Einige Tonlehrer geben ihr den Namen einer künstlichen Stimme, um sie der natürlichen oder **Bruststimme,** von welcher das alles zu verstehen ist, was bisher gesagt worden, entgegen zu setzen. Die ausführliche Beschreibung der einen und der andern Art von Stimme, die sich auf eine gründliche physicalische Untersuchung der Entstehungsart derselben gründet, lese man in des **Tosi** Anleitung zur Singkunst von S. 22 ∙ 42. in einer Anmerkung nach, welche ganz dem Herrn **Agricola** gehört. Was allda, auf Veranlassung des **Tosi,** von einer dritten Art, von der **Kopfstimme** gesagt wird, kann man mit dem Falset, das mit der Bruststimme verbunden wird, für einerley annehmen. Sie findet sich aber auch würklich, als natürliche Stimme, bey einigen Knaben, und noch mehrern Frauenzimmern, mit allen vom Herrn **Agricola** beschriebenen Eigenschaften; doch wird man in der Höhe nichts von einer besondern Falsetstimme gewahr; wenigstens ist hier die Verbindung der Falsetstimme mit der natürlichen weit leichter, und der Uebergang von einer zur andern schwerer zu bemerken.

§. 15.

§. 15.

Durch die Beyfügung einiger Falſettöne wird der **Umfang** der natürlichen Stimme erweitert. Nur muß der Sänger darauf Acht haben, daß man den Uebergang von einer Art der Stimme zur andern nicht zu ſehr gewahr werde. Die Grenzen der einen müſſen ſich noch bis auf ein paar Töne ins Gebiete der andern erſtrecken; und der Sopraniſt, der von $\overline{c}$ zu $\overline{\overline{c}}$ bis ins $\overline{\overline{a}}$ mit der natürlichen Stimme ſingt, und ſodann mit der Falſetſtimme die übrigen Töne hinzu ſetzt, muß mit dieſer auch ſchon in $\overline{\overline{f}}$ eintreten können, ohne daß man einen Abfall bemerkt. Es verurſacht aber allerdings einige Schwierigkeit, den untern Tönen des Falſets eine der Bruſt= ſtimme gemäße Stärke zu geben.

§. 16.

Die Alten, welche den **Umfang** einer ieden Stimme auf eine Decime *), z. E. von $\overline{c}$ bis $\overline{\overline{g}}$ für den hohen Diſcant, feſtſetzten, hatten ihr Abſehen blos auf den Chorgeſang, und richteten ſich in ihren Compoſitionen darnach. In unſern Tagen, da die Singſtimme mit den Inſtrumenten wetteifert, wenn dieſe ſonſt iene nachahmten, ſucht ſie es ihnen auch in Anſehung des Umfanges, ſo viel als mög= lich, gleich zu thun. Auch ſind unſre Compoſitionen, wenigſtens in Anſehung des Arien = oder des Sologeſanges, ſo beſchaffen, daß man mit 10 oder 11 Tönen nicht viel thun kann; daher denn ein **Umfang von zwo Octaven** itzt immer unter die nöthigen Ei= genſchaften einer guten Stimme zu rechnen iſt. Es giebt Perſonen, denen die Natur ein noch reicheres Maaß von Tönen, und noch ei= ne halbe Octave über die verlangten zwo gegeben hat. Arien, die für ſie, um dieſen Vorzug zu zeigen, geſchrieben ſind, müſſen an= dere Stimmen, von geringerm Umfange, nicht nachſingen wollen.

B 2   Wer

---

*) Wenn ich hier bisweilen von Dingen ſpreche, ehe ich ſie erklärt und beſchrieben habe, ſo iſt es nicht des Schülers, ſondern des Lehrers wegen geſchehen.

Wer indeß einen tüchtigen Solosänger nach der heutigen Art vorstellen will, der mag sich immer befleißigen den Umfang

im Discante von c̄ bis c̄,

im Alte von f bis f̿,

im Tenore von c bis c̄, und

im Basse von F bis f̄ zu haben. In der Kirche, und besonders als Chorsänger, kann er mit drey bis vier Tönen weniger in der Höhe wohl fortkommen. Da nun die natürliche Stimme selten bis zu dieser Höhe reicht, so ist es klar, daß die Vereinigung des Falsets mit der natürlichen Stimme eine nöthige Uebung für jeden angehenden Sänger ist.

§. 17.

Wie die Stimme zu verbessern sey, ist hin und wieder schon mit ein paar Worten gesagt worden. Aufmerksamkeit auf die Fehler derselben, Fleiß und Uebung im Singen, thun hier immer das meiste; denn alles, was uns einen bessern Gebrauch von der Stimme machen lehrt, ist als Verbesserung derselben anzusehen. Schwache Stimmen werden dadurch, nach und nach, stärker; unreine reiner; rauhe geschmeidiger und glätter, wenn es nur der Lehrmeister an fleißigem Erinnern nicht fehlen läßt, und der Schüler am meisten auf das Achtung giebt, was seiner Stimme fehlt. Nichts anderes, als eine fleißige Uebung im Singen ist gemeynt, wenn vom **Ausschreyen** der Stimme geredet wird; denn daß hier kein gewaltsames Schreyen aus allen Kräften verstanden werde, kann man daraus abnehmen, daß dieses Schreyen oben unter die Fehler im Gesange gerechnet worden. Die Erfahrung lehrt auch, daß durch vieles und lange anhaltendes Schreyen die hohen Stimmen, besonders bey jungen Personen, eher verdorben als verbessert werden, weil sie dadurch eine gewisse Härte und Rauhigkeit bekommen. Man nennt dieß überschrieene Stimmen, und Beyspiele davon sind unter Chorknaben genug anzutreffen.

§. 18.

§. 18.

Ueber die Erhaltung, oder im Gegensaße, das **Verderben**
der Stimme lassen sich noch verschiedene Anmerkungen machen. Die
hohen Stimmen leiden leichter Schaden als die tiefen, und wollen
daher auch mehr in Acht genommen werden. Die Sopranstimme
geht bey Knaben, wenn sie in das Jünglingsalter treten, zwischen
dem funfzehnten und siebzehnten Jahre, in eine tiefere, entweder in
die Alt= oder Tenorstimme über. Diese Veränderung geschieht nach
dem ordentlichen Laufe der Natur, und ist durch nichts zu hinter=
treiben. Man nennt es das **Mutiren** der Stimme, und der Sän=
ger muß sich um diese Zeit mit Singen nicht viel angreifen; am al=
lerwenigsten eine Höhe erzwingen wollen, die ihm die Natur nun zu
versagen anfängt, sonst setzt er sich in Gefahr, nie wieder eine taug=
liche Stimme zu bekommen. Eben diese Schonung haben Frauen=
zimmer im vierzehnten oder funfzehnten Jahre nöthig, wenn sie ih=
re Stimme gut erhalten wollen. Man braucht das Singen eben
nicht ganz zu unterlassen: es muß nur sparsamer und mit gemäßig=
term Tone geschehen.

§. 19.

In Ansehung der **Diät** ist alles, was der Gesundheit schädlich
ist, auch der Stimme nachtheilig. Vor unreiner, neblichter und
kalter Luft, im Frühlinge und Herbste, wird man sich schon des Hu=
stens und Schnupfens wegen hüten, wenn man es auch nicht der
Stimme wegen für nöthig hielte. Ueberhaupt wird ein Sänger
gern allem, was eine Heiserkeit nach sich zieht, aus dem Wege ge=
hen. Dahin gehören: Erkältung, Rauch, Staub, scharfe, salzige,
sauere, herbe, fette, auch allzu süße Speisen; besonders in Butter
oder Fett gebackene Sachen; Näschereyen vom Canditor u. s. w.
Wiewohl von den meisten dieser Dinge, wenn sie mäßig, und nicht
zu oft genossen werden, kein allzu großer Nachtheil zu besorgen ist.
Kurz, Mäßigkeit im Essen und Trinken, wobey man nicht so wohl
darauf siehet, was, als **wieviel** man ißt und trinkt, nebst einer in

allem

allen übrigen Stücken guten Lebensordnung, sind für den Menschen,
der seine Gesundheit liebt, und für den Sänger, der seine Stimme
schonen will, von gleicher Wichtigkeit. Die Anmerkung des Herrn
Agricola über diese Materie, verdient in des Tosi Anleitung
S. 51. nachgelesen zu werden.

§. 20.

Viel Sitzen, besonders mit zusammengedrücktem Unterleibe,
wie einige im Schreiben sich angewöhnt haben, thut der Stimme
gleichfalls Schaden. Allzu gewaltsame Bewegungen, geschwindes
Laufen, übertriebenes Tanzen, heftiges Reiten u. d. g. sollte sich ein
Sänger nie gelüsten lassen, der die Stärke seiner Lunge schon bey
andern Gelegenheiten zeigen kann; wenigstens muß er, wenn er von
dergleichen heftigen Erschütterungen erhitzt ist, nicht hintreten, und
singen; eben so wenig als man auf solche Erhitzung, und selbst nach
vielem Singen, trinken darf. Und hier muß ich die armen Chorsänger gewisser Schulen beklagen, die bey ihren jährlichen Umgän-
gen, die ohnedem immer in die rauheste Jahrszeit fallen, genöthigt
sind, in den Häusern alle Stockwerke durch zu steigen, und vor dem
eigenen Heerde eines ieden Einwohners ihre Psalmen anzustimmen.
Der Wunsch, einer so beschwerlichen Arbeit bald loß zu seyn, macht
sie eilen; ihr Gesang ist eben so hastig als ihr Gang. Dieses Singen und Laufen durch einander, wozwischen kein Augenblick Zeit
zum Athemholen gelassen ist, mit der eingebildeten Gutherzigkeit
einiger ihrer Wohlthäter zusammen genommen, die ihnen mit Bier,
Wein oder gar Brandtewein zur Stärkung entgegen kommen, ist
gewiß der Saame zu vielerley Unpäßlichkeiten in frühern oder spä-
tern Jahren, nachdem die Natur eines ieden beschaffen ist. Die unreine dumpfigte Luft einiger Quartiere, und die beständige Abwechs-
lung der Wärme und Kälte, welcher sie ausgesetzt sind, will ich nicht
einmal in Anschlag bringen. Obrigkeiten, Schulvorsteher sollten
diesen Umstand ihrer Aufmerksamkeit würdigen, und darinne eine
Aenderung treffen. Weit weniger Gefahr ist dabey, wenn man,
wie

wie es an den meisten Orten gewöhnlich ist, die Schüler auf der
Straße von einem Hause zum andern, vor den Thüren ihren Gesang anstimmen läßt. Außerdem, daß an dem Vergnügen, wenn
der Gesang gut ist, alle Nachbarn Antheil nehmen können,
fällt auch hier, die dem Singen so sehr widersprechende heftige Bewegung weg, welche die Treppen in den Häusern verursachen. Und
im Winter, bey einer nicht gänzlichen Unthätigkeit des Körpers,
ein paar Stunden unter freyem Himmel zu frieren, ist weniger nachtheilig, als sich bey Rauch und Dampfe in einem ungesunden Vor-
saale zu wärmen.

§. 21.

So gleich nach dem Essen wird ein Sänger, welcher weiß, was
gut singen ist, und allemal, wenn er singt, gut singen will, eine Auf-
foderung zum Gesange wohl lieber verbitten, als annehmen, wenn
es wahr ist, daß bey vollem Magen die Lunge nicht alle Freyheit
zum Athemholen hat. Herr **Marpurg** wünscht daher in der Anleitung zur Singkunst, daß in manchen Schulen die Singstunden
nicht von 1 bis 2 Uhr des Nachmittags gehalten, sondern in eine bequemere Stunde verlegt würden. Was soll man nun zu dem Gebrauche
sagen, wenn man sich um eilf Uhr zu Tische setzt, und um ein Viertel
auf zwölfe ins Chor gehet. Es muß nicht wahr seyn, daß das Singen dem Magen in dem löblichen Verdauungswerke hinderlich falle,
sonst würde man so ungereimte Dinge nicht seit langen Jahren an-
geordnet und zugelassen haben. Die bequemste Zeit zum Singen ist
den Vormittag, oder einige Stunden nach Tische.

§. 22.

Ich komme nun auf die Aussprache, die bey deutschen Sängern schon einer eigenen Beherzigung werth ist, da man der Sprache
überhaupt eine gewisse Schwerfälligkeit vorwirft, die sie zum Gesange unbequem, welches bey einigen gar für unbrauchbar gilt, machen soll; da man auch nicht läugnen kann, daß einige, und vielleicht
die meisten deutschen Sänger, durch eine schlechte Aussprache der
Schön-

Schönheit des Gesanges viel Eintrag thun. Was ich hier darüber sagen werde, betrifft mehr die Aussprache im allgemeinen, als im besondern Verstande, wo sie in der Verbindung mit den Noten, und den mancherley Figuren derselben zu betrachten ist. Auf alle Provinzialmundarten kann ich mich ausführlich nicht einlassen, sondern nur dem so genannten Meißner Dialecte mit einigen Erinnerungen zu Hülfe kommen. Eingewurzelte Zungenfehler, als wenn man kein R oder K aussprechen kann, werden mich noch weniger aufhalten; diese zu verbessern, gehört mehr für die Ammen, als für den Singemeister.

§. 23.

Ueber die Schwerfälligkeit oder Unbequemlichkeit der deutschen Sprache zum Gesange ein gegründetes Urtheil zu fällen, muß man wissen, was zu einer Sprache erfodert wird, welche leicht und bequem zu diesem Gebrauche seyn soll. Der Sänger muß seine Töne mit ofnem Munde, mit von einander entfernten Zähnen, mit breit gezogenen und still gehaltenen Lippen, mit platt und still liegender Zunge hervor bringen. In dieser Stellung kann er nun wohl nicht viel mehr als die fünf einfachen Vocale heraus bringen. Alle Consonanten erfodern schon eine veränderte Richtung des Mundes; einige derselben schlüßen so gar den Mund zu, und schneiden den Ton der Stimme kurz ab, wenn sie sich am Ende einer Sylbe befinden, und zu bald ausgesprochen werden. Z. E. b, p, m; ab, dop = pelt, am, u. s. w. Kommen nun zwey, drey und mehr Consonanten zwischen zwo Sylben zusammen, so müssen sie freylich dem Sänger in der Aussprache einige Mühe machen, und ihm das Aneinanderbinden der Töne erschweren. Die Doppelvocale, oder Diphtonge haben lange so viel Unangenehmes nicht, als manche Leute sich einbilden, wenn man sie nur gehörig zu sprechen weiß. Selbst unter den Vocalen sind nicht alle gleich bequem oder angenehm im Gesange: I und U sprechen sich niemals so leicht aus, als A, E und O, sind auch so angenehm nicht zu hören.

§. 24.

§. 24.

Eine Sprache demnach, welche in ihren Wörtern mehr einfache als doppelte Vocale, und unter diesen mehr a, e und o, als i und u, außerdem die wenigsten Consonanten, oder diese am wenigsten am Ende der Sylben hat, ist die bequemste zum Gesange. Diese Eigenschaften finden sich am meisten bey der italiänischen Sprache, und nächst dieser bey der lateinischen. Man wird ihnen daher den ersten Platz unter den singbaren Sprachen wohl nicht leicht streitig machen können, so gern man es auch sonst aus patriotischem Eifer für seine Muttersprache thun möchte. Ueber die französische Sprache, von welcher, wie der Graf Algarotti *) sagt, die Franzosen glauben, daß sie die schönste sey, welche in einen menschlichen Mund habe kommen können, will ich das Urtheil dieses gelehrten und scharfsinnigen Geistes hersetzen. „Eine Sprache, sagt er, die we-„nig oder gar keinen Wohlklang hat, die in den Sylbenfüßen (ne'„metri) weniger Veränderungen fähig ist, welche die unangenehm-„sten Diphthongen für das Gehör, und gewiße stumme e, womit „sich ihre Wörter meistentheils endigen, außerdem eine Art von „Zwitterbuchstaben besitzt, die man bald aussprechen, bald nicht aus-„sprechen muß, eine solche Sprache ist keines guten Gesanges fähig.„

§. 25.

Die deutsche Sprache wird daher wohl ohne Ungerechtigkeit, wenigstens vor der französischen, den Vorzug fodern können. In Ansehung der Vocalen hat sie die Beschwerlichkeit der vielen i,

und

*) In einem Tractate, unter dem Titel: Considerazioni intorno alla più perfetta constituzione che dar potrebbeß alla Opera in Musica, den ich im Manuscripte, von seiner eigenen Hand, besitze. Der Saggio sopra l' Opera, der sich in seinen Werken befindet, ist nach der Zeit daraus entstanden; beyde Aufsätze sind aber sehr von einander unterschieden, und der erste verdiente, wegen vieler darinne enthaltenen speciellen Dinge und eben so scharfsinniger als freymüthiger Urtheile, gar wohl bekannt gemacht zu werden.

C

und das ist auch wohl die größte. Das Unangenehme, das man ihr wegen ihrer Doppelvocale, und die Härte, die man ihr wegen des Zusammenstoßens verschiedener Consonanten vorwirft, verschwinden größtentheils, oder beleidigen weit weniger, wenn der Sänger die Kunst gut und mit Leichtigkeit auszusprechen gelernt hat. Und eben darüber sollen nun noch einige Anmerkungen folgen.

§. 26.

Ein Singmeister hat für allen Dingen bey seinen Scholaren auf eine reine und deutliche Aussprache der **Vocalen** zu sehen. Das **a** ist darunter der hellste und bequemste zum Gesange. Doch ereignet sich bey Aushaltungen oder langen Passagien bisweilen der Fehler, daß **e, o** und **u** sich neben durch drängen. Die reine Aussprache des **a** nun zu befördern, und weil damit die Stimme am besten zu einem hellen Tone gebracht werden kann, lasse man den Schüler bisweilen, so lange er noch abcdirt *), auch immer nachher noch, die Uebungsexempel zur Abwechselung auf ein bloßes **a** wiederholen. Abwechselung erhält bey der Lust, und gewiße Dinge in der Musik wollen oft vorgenommen seyn, wenn man eine Fertigkeit und Sicherheit darinne erlangen soll.

§. 27.

Das **e** wird bald etwas breit, wie **ä**, bald spitz, wie **ö** ausgesprochen. Den Unterschied kann man in den ersten Sylben von **selig,** und **gehen,** bemerken. Dieser Unterschied muß von einem Sänger genau beobachtet werden; nur muß er das spitze **e** nicht allzu spitz, mit allzu breit gezogenem Munde sprechen. Das **i** ist auch für manche Sänger ein Stein des Anstoßes: sie pfeifen es entweder durch die Zähne, oder jagen es halb durch die Nase heraus; beydes muß nicht seyn. Die deutsche Sprache hat, wie schon gesagt, unglück-

---

*) **Abcdiren** heißt die Noten mit den ihnen zukommenden Buchstaben **c d e f g a h** absingen. Die Italiäner sagen dafür **Solfeggiren** oder **Solmisiren**. Die Uebung damit heißt **Solmisation**, und die Exempel mit denen es geschieht, **Solfeggi**.

unglücklicher Weise daran einen gewaltigen Ueberfluß, zumal wenn man das ů und y noch dazu rechnet; und wenn der mufikalische Dichter sich nicht geflissentlich davor zu hüten sucht, so kann freylich der Gesang etwas unangenehm ausfallen. **Ich will mich mit dir verbinden,** ist in der That keine für den Gesang vortheilhafte Zeile. Das o, wenn es zu tief nach dem u gestimmt wird, ist auch nicht sehr angenehm, besonders in dem Munde eines Bassisten, und bey langem Aushalten; weil einem so leicht dabey der Fuhrmann einfällt, der seine Pferde nicht erhalten kann. Die Italiäner sprechen es in den meisten Worten wie ein halbes a aus; das müssen wir in Deutschen auch thun, es müßte denn etwan ein doppeltes o o, oder o h seyn. Das u endlich ist ein u; man thue ihm sein Recht, mit etwas zugespitztem Munde. Der angenehmste Vocal ist er freylich nicht. Die italiänische Sprache hat aber daran so wenig Mangel, als die Deutsche.

§. 28.

Zur Uebung in der reinen Aussprache der Vocale werde ich unten, zu seiner Zeit, die vom sel. Capellmeister **Graun** erfundenen Sylben da me ni po tu la be mit den gewöhnlichen Buchstaben c, d, e, f, g, a, h verwechseln. Zur Benennung der Tonleiter will ich sie eben nicht empfehlen; diese Neuerung möchte gewissen Freunden des Narravere patres noch unverbaulicher vorkommen als das ces, des, fes: aber zur Uebung in der Aussprache können sie auf mehr als eine Weise dienen.

§. 29.

Die Doppelvocale *), die wir im Deutschen antreffen, sind folgende: ä, ai, **) au, ei, eu, ö, ü oder ui, wie es einige

C 2 schrei=

---

*) Aa, ee, ii, oder y, oo, sind keine eigentlichen Doppelvocale, sondern deuten nur an, daß der einfache Vocal heller und lauter gesprochen werden müsse.

**) Die Zahl derselben nicht ohne Noth zu vergrößern, habe ich ay, ey, nicht mit in Anschlag gebracht, weil sie mit ai, ei, in der Aussprache auf eins hinaus laufen, so wie y selbst nichts mehr, als ein schlechtes i gilt, ob es gleich eigentlich ein doppeltes vorstellt.

schreiben. Diese sind nichts weniger als beschwerlich oder unangenehm in der Aussprache; der Sänger muß nur nicht beyde Vocale
zugleich oder auf einmal aussprechen; oder, wenn er darauf zu verwei-
len hat, es nicht auf dem letzten sondern auf dem ersten Vocale thun.
Zwar lassen sich å, ö und ü nicht trennen, und sind in der Aussprache als einfache Vocale zu betrachten; aber ai, ay, au, ei, ey,
eu, und äi, äy, äu, welches gar dreyfache Vocale sind, können
und müssen getrennet werden, als Wa=ise, Ka=yser, Gla=ube,
ble=iben, Ele=yson, Fre=ude, in welchem Falle das e allemal mehr wie ein a oder ä gesprochen wird, Brä=ute u. s. w. Die
beyden dreyfachen Vocale äi, äy kommen selten vor, und sind blos
das durch die Schreibart veränderte ai und ay.

§. 30.

Ein häßlicher Fehler ist es, wenn man, wie nicht selten von
schlecht angeführten Sängern geschieht, einfache Vocale mit doppel-
ten, und umgekehrt, verwechselt. Z. E. Brot oder Brout für
Braut; dagegen wieder Braudt für Brodt; oder: Es ist die
Maude sau, für: Es ist die Mode so. Fürwahr eine schlechte
Mode!

§. 31.

Die Consonanten oder stummen Buchstaben kommen nicht anders als in Verbindung mit den Vocalen oder Diphthongen vor, mit
denen sie Sylben zusammen setzen helfen. Sie werden entweder zum
Anfange einer Sylbe gebraucht, und hier thun sie dem Gesange im
Deutschen so wenig Schaden als im Italiänischen; oder sie endigen
eine Sylbe, und dann ist Vorsicht in der Aussprache nöthig, wenn
der Gesang nicht zerrissen und zerhackt heraus kommen soll. Es ist
daher höchst nöthig, den Sänger zu gewöhnen, daß er alle Consonanten bis auf die folgende Sylbe spart, damit iede sich mit einem
Vocal zu endigen scheine. Man spreche also nicht: Zer=brech-
lich=keit, Un=ab=hän=gig=keit; sondern: Ze=rbe=chli-
chkeit, U=na=bhä=ngi=gkeit; nicht: Auf=dich=steht=
mein=

mein = Ver=traun; sondern: Au=f d=ich steh=t mei=n
Ve=rtraun; besonders wenn die Bewegung des Gesanges lang-
sam ist, wenn lange Noten, oder viele, gegen eine Sylbe stehen.
Am allermeisten ist dieß bey denjenigen Consonanten nöthig, die den
Mund zuschließen, indem man sie ausspricht. Z. E.

Ge = dop = pelt schlecht.

Man lasse hier immer das erste p gar weg, spreche aber das o
so, wie es, als ein kleines oder kurzes O, vor zween Consonanten
gesprochen werden muß. Diese Regel kann man bey allen Doppel-
consonanten, die zwischen zwo Sylben vorkommen, beobachten, z. E.
bey hoffen, getroffen, Pfaffen, Affen u. s. w. Bey andern
sind sie der neuern Orthographie gemäß schon in einen einfachen Consonanten verwandelt worden, z. E. in Laufen, Haufen, Hof,
Haus, Vater, u. s. w. für Lauffen, Hauffen, Hoff, Hauß,
Vatter, wie man ehemals schrieb.

§. 32.

Das h, welches im Teutschen den Vocalen zu Anfange so vieler Wörter und Sylben vorgesetzt ist, macht den Franzosen und
Italiänern nicht wenig Mühe, wenn sie unsere Sprache sprechen
sollen. Sie schreiben es in ihren Sprachen zwar auch, sprechen es
aber nicht mit aus, nach der bekannten grammatischen Regel: H non
est littera. Sie sagen daher beständig And für Hand, Immel
für Himmel u. s. w. Im Gesange richtet es, wenn man es mit-
spricht, wie wir, so viel Unheil eben nicht an. Es ist weiter nichts,
als die Aspiration vor einem Vocale, wovon im §. 34. als von einem Fehler geredet wird. Ein Fehler ist sie nur, wenn man sie da
hören läßt, wo kein h geschrieben steht. In Ansehung des ch befinden sich die Italiäner und Franzosen in gleicher Verlegenheit.
Sie sprechen es wie anders als ein Æ; sie sagen mick für mich,

C 3

ma=

macken für machen. Im Munde des Deutschen, dem es wei=
ter keine Schwierigkeit in der Aussprache macht, muß es auch keine
im Gesange machen; und die Unannehmlichkeit, die es haben soll,
ist gewiß nur eingebildet; wenn man nur so damit verfährt, wie ein
Sänger mit den Consonanten überhaupt verfahren muß, und es
nicht zu tief aus der Kehle heraus holt. Aber unserm sch kann ich
das Wort so leicht nicht reden. Der zischende Ton, womit es
gesprochen werden muß, kann leicht, wenn er zu oft gehört wird,
über den Gesang eine Unannehmlichkeit verbreiten, welche derjenigen
Sprache mit Recht zur Last fällt, die viel solche zischende Zusam=
menfügungen ihrer Consonanten hat. Wenn dieses sch immer al=
lein zwischen zween Vocalen stünde, so möchte es noch hingehen: die
Italiäner haben eine ähnliche zischende Aussprache in ihrem g und c;
sie sprechen ge, gi wie dsche, dschi, ce ci aber noch härter, nemlich
wie tsche tschi aus. Die letzte harte Aussprache haben die Fran=
zosen nicht; aber einigermaßen die erste, in geant, jeune, joli, und
allen auf ähnliche Art geschriebenen Wörtern und Sylben. Gleich=
wohl hat noch niemand die italiänische Sprache für unbequem zum
Gesange erklärt, ob sie gleich eine Menge Wörter hat, wo es genug
zu zischen giebt. Z. E. gelare, gelosia, gemere, genitore, giacere,
giudice, cecità, ciaccio, cenciaccio, cervice, cetraccia, ciancia,
cicisbeo u. s. w. In diesem Stücke könnte leicht die italiänische
Sprache noch schlimmer dran seyn, als die Deutsche: wenigstens
hat diese keine Wörter, worinne das sch zwey oder gar dreymal vor=
käme, wie das ce und ci in so viel italiänischen Wörtern. Aber es
gesellt sich hier noch ein anderes Uebel für die deutsche Aussprache
hinzu, da nemlich sich so oft noch ein anderer Consonante dem sch
an die Seite stellt, um jene wirklich schwer und unangenehm zu ma=
chen. So erhalten wir die Wörter: Forschen, wünschen,
schreiben, schmälen, schlagen u. d. g. Noch könnte die deut=
sche Sprache gegen die italiänische abrechnen: aber aus Unachtsam=
keit und Gewohnheit verwandeln wir eine kleine Gebrechlichkeit völ=
lig

lig in Carricatur, und sprechen überall ein sch, wo keins geschrieben
steht. Alle s, zum Anfange einer Sylbe, wenn darauf noch ein
anderer Consonante folgt, sprechen wir wie sch aus; die Wörter:
Stadt, stehen, sprechen, spotten u. a. sind Zeugen davon.
Einige thun es sogar auch am Ende der Sylbe, wie man in den
Wörtern Fürst, du warst, du wirst u. a. bisweilen wird gehört haben. Eigentlich findet sich diese fehlerhafte Aussprache nur
in der Meißner oder Obersächsischen Mundart; die Niedersachsen
sprechen hier weit richtiger und für den Gesang bequemer aus. Die
Obersächsische Mundart sollte in diesem Stücke die Niedersächsische
billig zum Muster nehmen. Ich meines Orts werde es an keinem
Lehrer des Gesanges in Obersachsen mißbilligen, wenn er seine Schüler in diesem Puncte zur niedersächsischen Aussprache gewöhnt; ich
rathe ihm vielmehr dazu. Vielleicht ist dieß ein Mittel diese richtige Aussprache allgemeiner zu machen, und jene ungeschickte zu verdrängen.

§. 33.

Bey den Consonanten unterscheide ein Sänger auch deutlich in
der Aussprache die harten von den weichen: t von d, p von b, k
von g, besonders wenn sie zu Anfange der Sylben stehen. Er unterscheide Pein von Bein, Boten von Boden, klauben von
glauben. Die in §. 28. angeführten Graunischen Sylben haben
den Vortheil, daß man darinne die harten und weichen Consonanten
d t b und p findet. Man verwechsele ferner das g nicht mit j oder ch;
man sage nicht: Jott für Gott, nicht chechangen für gegangen:
Ueberhaupt suche er eine reine, edle und tönende Aussprache sich
eigen zu machen. Unter freyem Himmel, an großen Orten, z. E.
in Kirchen, muß die Aussprache, der Deutlichkeit wegen, freylich
wohl etwas derber seyn; besonders wenn nicht allein, sondern mit
dem ganzen Chore gesungen wird.

§. 34.

§. 34.

Noch einiger Fehler in der Aussprache, die sich auf Unachtsamkeit, und üble Angewohnheit gründen, muß ich hier gedenken, um den Schüler dafür zu warnen, den Lehrer aber zu bitten, daß er aufmerksam darauf sey; sie haben manchen sonst schätzbaren Mann bisweilen lächerlich gemacht. Hieher gehört die garstige Aspiration vor Vocalen oder Diphthongen, wo kein h voran steht : ha he hi ho hu; für a e i o u; hau für au, heu für eu u. s. w. In geschwinden Läufen und Passagien zwar ist sie weniger fehlerhaft, ja so gar zur genauen Articulation der Töne nothwendig. Selbst vor Consonanten, oder nach denselben, lassen einige Sänger*) Zusätze hören, die ihrer Sprache einen sehr comischen Anstrich geben. Z. E. **Nallelna** für allein, **emmirá** oder **emmiár** für mir, **Herretz** für Herz, **fáromm** für fromm; oder wie der Herr von **Mattheson** in seinem musikalischen Capellmeister von einem Cantor erzählt, der kein S aussprechen konnte, ohne ein á vorher hören zu lassen, und die bekannten Worte des **Petrus: Sollen wir mit dem Schwerdte darein schlagen?** so sang: **á Sollen wir mit dem á Schwerdte darein á schlagen?** Noch alle Tage kann man den christlichen Glauben auf folgende Art anstimmen hören:

Wi = hiár wi = hiár wir gá=la=ha=háu = ben. Oder:

æglau = ri = hi = ha, für gloria.

§. 35.

*) Auch italiänische Sänger machen sich dieses Fehlers schuldig, besonders am Ende der Sylben, wenn sie corz, amorze für cor, amor singen. Freylich werden sie sagen, daß sie es thun, um den Thon zu verlängern, und den nicht gar angenehmen Vocal o nicht allzu stark hören zu lassen, oder das r weniger schnarrend zu machen; und dann müßte man ihnen freylich noch dafür danken. Sie thun es auch nur bey Einschnitten auf der letzten Note der Melodie.

§. 35.

Alles dieß giebt einen sehr bemüthigenden Beweiß, daß die deutsche Nation noch nichts weniger als eine gut singende Nation sey, da
sie noch nicht einmal die gehörige Aufmerksamkeit auf die einem Sänger höchst nöthige reine und deutliche Aussprache gewandt hat. Ein
guter Theil der Vorwürfe, die man unserer deutschen Sprache macht,
würde wegfallen, wenn man sie nur vorsichtig und vortheilhaft zu
sprechen wüßte. Es ist daher eine der vornehmsten Pflichten eines
Singmeisters, auf eine reine und bequeme Aussprache bey seinen
Scholaren ein wachsames Auge zu haben; gegen ihre schwache Seite
die meiste Bemühung anzuwenden; und wenn sie einen Buchstaben
nicht gut aussprechen, z. E. das l oder r, sie oft mit ein paar daher
entlehnten Sylben, mit lara, abcdiren zu lassen.

§. 36.

Dieß ist es, was ich über die Aussprache, überhaupt genommen,
zu sagen habe; die nähere Anwendung davon, oder wie die Worte
mit den Noten einer Melodie richtig verbunden werden müssen, wird
zu einer andern Zeit vorkommen. Ich bin mit Fleiß ein wenig ausführlich über diesen Punkt gewesen, weil im Gesange auf eine gute
Aussprache ungemein viel ankömmt, und die Nachläßigkeit in dieser
bey den Deutschen sehr viel an ihrem schlechten Gesange Schuld ist.
Man muß erst gut sprechen lernen, ehe man gut singt, so wie man
erst gehen lernt, ehe man zu tanzen anfängt. Nun möchten noch einige Anmerkungen über gewisse weniger wesentliche Dinge nöthig
seyn, die entweder den Lehrmeister oder den Schüler angehen. Ich
will sie aus Herrn Marpurgs Anleitung zur Singkunst entlehnen,
wo man sie mit wenig Worten vorgetragen findet, und bisweilen nur
eine Erläuterung oder nähere Bestimmung beyfügen.

§. 37.

„Kein Schüler soll seine Lection auswendig singen, wenn er sie
„auch auswendig weiß; sondern allezeit die Augen auf die Singtafel
„oder auf sein Buch, welches er aber nicht vor den Mund halten muß,

D

„zeheff-

„geheftet haben.„ Ueberhaupt kömmt darauf sehr viel an, daß man sich gewöhne, so wohl die Entfernung und Verschiedenheit der Intervalle, als die Eintheilung der Noten in Ansehung des Zeitmaaßes, mit den Augen zu entscheiden, und auf einen Blick zu übersehen. Es ist erstaunlich, zu welcher Fertigkeit man es nach und nach darinne bringt, und mit welcher Schnelligkeit die Seele von dem Anblicke der Zeichen zur Ausübung der dadurch bezeichneten Dinge übergeht, wozu sie Anfangs nur langsam, und vermittelst so vieler Erklärungen, gelangte. Ich habe Violinisten gekannt, die mich versicherten, daß sie sich um die Benennung der Noten nie bekümmert, sondern bloß den Stand derselben auf dem Papiere ins Auge zu fassen, und so auf ihr Instrument überzutragen gelernt hätten. Vielleicht wollten diese Herrn nur etwas Ungewöhnliches an sich bemerken lassen; daß es aber möglich sey, daran ist kein Zweifel. Die Seele vergißt, bey zunehmender Fertigkeit in der Ausübung, alle diese Benennungen, alle die Regeln, die ihr über den Werth der Noten bekannt gemacht wurden, oder scheint sie wenigstens zu vergessen; ein Blick ist ihr genug, alle Intervalle zu bestimmen, das Zeitmaaß nicht in einzelnen Noten oder Takttheilen, sondern in ganzen, oft mehr als zwanzig Noten enthaltenden Takten zu übersehen, und zum Gehöre zu bringen. Auch hier sind, daß ich mich eines Gleichnißes des Pope bediene, die Regeln Krücken, welche die Seele verwirft, so bald sie allein gehen kann.

§. 38.

„Man läßt ferner, wenn man viel Schüler zugleich unterrichtet, „bald einen allein, bald ihrer zween, bald alle zusammen eben dassel-„be Thema singen. Das erste dienet dazu, die Fehler eines ieden „desto bequemer zu bemerken; das zweyte zur Erweckung einer löb-„lichen Eifersucht; das dritte zur Unterhaltung der Lust.„

§. 39.

„Da man an öffentlichen Orten, in Kirchen, Concerten und auf „der Schaubühne, nicht sitzend, sondern stehend singt, so muß der „Schü-

„Schüler auch allezeit seine Lection im Stehen nehmen. Er muß
„dabey wohl aufgerichtet stehen, nicht den Kopf zur Erde hängen,
„und dadurch die Kehle zusammendrücken.„ Wenn es wahr ist, was
Mattheson im vollkommenen Capellmeister sagt, daß man im Sitzen den Athem mehr sparen könne, so dürfte auch wohl, bey lang
anhaltenden Uebungen, der Schüler mit Niedersitzen bisweilen ab-
wechseln.

§. 40.

Auf alle unanständige Bewegungen des Leibes, als hin und
herwanken, Scharren mit den Füßen, Schütteln des Kopfs u. s. w.
auf alle Grimassen *) des Gesichts, als Verzerren des Mundes, Blin-
zen mit den Augen u. d. g. muß man genau Achtung geben, weil man
sich leicht so etwas angewöhnt. Ich habe eine italiänische Sängerinn gekannt, die bey ihrer sonst sehr guten Stimme, und bey ihrer
nicht zu verachtenden Art zu singen, doch das Unangenehme
hatte, daß sie den Kopf zurück warf, die Augen immer nach der
Decke richtete, und das Gesicht so verzog, daß man hätte glauben
sollen, sie bekäme Convulsionen. Sich vor dergleichen Unanständig-
keiten zu bewahren, giebt man den Rath, bisweilen vor dem Spie-
gel zu singen; und gewiß, wem daran gelegen ist, stets mit der vor-
theilhaftesten Mine aufzutreten, dem kann kein besserer Rath gegeben werden.

§. 41.

Wenn der Lehrmeister zur Unterstützung seiner Schüler in den
Singlectionen ein rein gestimmtes und gut temperirtes Positiv, oder

D 2 allen-

---

*) Es versteht sich von selbst, daß darunter nicht diejenigen zur Gebehrdensprache gehöri-
gen Veränderungen des Gesichts verstanden werden, welche der Ausdruck der Leidenschaften erfodert, als die sich, wie in dem Tone der Stimme, so auch auf dem Gesicht des Sängers zeigen müssen. Auf dem Theater ist die Zeichnung davon am stärksten, schwächer im Concert oder in der Kammer, am schwächsten in der Kirche, weil
da nichts zu sehen, sondern nur zu hören ist.

allenfalls einen Flügel haben kann, so wird es für ihn und den Schüler eine große Erleichterung seyn. Ich habe deswegen die meisten praktischen Exempel mit einem bezifferten Baße versehen. Ein Clavier möchte für einen einzelnen Sänger wohl stark genug seyn; für mehrere zugleich aber ist es sicher zu schwach, und kann höchstens nur dienen, den Ton anzugeben, wenn man ihn nicht von selbst zu finden weiß. Eine Violin in der Hand des Lehrmeisters, wenn er sie gut zu spielen weiß, kann auch beym Unterrichte im Singen gute Dienste thun.

§. 42.

In der Folge der Zeit, und wenn der Schüler die ersten Grundsätze der Musik und des Gesanges nun schon gefaßt hat, ist ihm nichts mehr zu wünschen, als Gelegenheit gute Sänger zu hören. Beyspiele thun nun bey nahe mehr, als Unterricht: sie erwecken die Nacheiferung, vermehren die Lust zum Lernen, und bringen einen Anfänger auf einem kürzern Wege dahin, wohin er durch todten Unterricht nur langsam gelangt. Omnium, sagt Qvintilian im zehnten Buche der *Instit. orat.* quæcumque docemus, hoc sunt exempla potentiora etiam ipsis, quæ traduntur, artibus, cum eo, qui discit, perductus est, ut intelligere ea sine demonstrante, et sequi jam suis viribus possit: quia, quæ doctor præcipit, orator ostendit. Man verwechsele den orator mit dem Sänger, so ist die Anwendung der Stelle auf die Musik gemacht.

§. 43.

Nun noch etwas von den **Eigenschaften des Lehrenden und Lernenden,** ebenfalls mit den Worten des Herrn **Marpurg.** „Der Lehrmeister, sagt er, braucht zwar kein Virtuos der ersten „Größe zu seyn. Doch ist es nöthig, daß er eine reine und sichere „Intonation, eine richtige Aussprache, und eine gehörige Einsicht in „die Harmonie, und in den guten Geschmack besitze.„ Er muß allerdings das selbst haben, oder ie eher ie lieber zu erlangen suchen, was er andere lehren will. Daß er aber deswegen selbst öffentlich auf-

auftreten, und sich hören laſſen müſſe, iſt nicht nöthig, wenn er nur auf andere Weiſe Proben von ſeinen Einſichten und von ſeiner Geſchicklichkeit ablegen kann. Die übrigen Eigenſchaften, die Herr Marpurg von einem Sing- und Muſikmeiſter fodert, als die Gabe der Deutlichkeit, ein uneigennütziges Gemüth, Treu und Eifer im Unterrichten, Geduld, Nachſicht und Mäßigung ſowohl im Lobe der Fleißigen, als in Beſtrafung der Nachläßigen, ſind keine übertriebene Anfoderungen, weil ſie in den Character eines ieden Lehrers gehören.

§. 44.

Eben ſo iſt es mit den Eigenſchaften eines **Schülers.** Jeder Schüler, worinne es auch ſey, muß Luſt und Unverdroſſenheit zum Lernen, muß Folgſamkeit, Achtung und Dankbarkeit gegen ſeinen Meiſter haben. Anlage zum Singen, d. i. eine angenehme Stimme, ein gutes Ohr, und eine geſunde Lunge, iſt es, was man von einem Singſchüler noch beſonders fodern kann.

§. 45.

Die Erlernung eines andern Inſtruments, beſonders des Claviers, neben dem Singen, iſt nicht nur nützlich, ſondern ſogar nöthig. Ein Sänger kann ſich damit, wenn er ſich allein übt, im Falle der Noth, zurecht weiſen; er lernt die Grundſätze der Muſik immer beſſer einſehen; und wenn er, vermittelſt des Clavierunterrichts, zu einer vollſtändigern Kenntniß der Harmonie gelangt, ſo wird ihm dieß in der Folge beym Geſange die wichtigſten Dienſte leiſten. Nur iſt darauf zu ſehen, daß das Inſtrument immer rein geſtimmt ſey, damit der Sänger ſich nicht das Gehör verderbe, und zu einer unreinen Intonation im Geſange gewöhne.

Anweisung
zum Singen.

Erste Lection.

§. 1.

Der Unterſchied der Menſchen, in Anſehung des Geſchlechts, des Alters und der Leibesbeſchaffenheit, bringt eine große Verſchiedenheit der Stimmen, in Anſehung der Höhe und Tiefe, hervor. Frauenzimmer und Knaben haben eine höhere und feinere Stimme, als erwachſene Mannsperſonen. Auch iſt ſo wohl bey dieſen als bey jenen der Umfang der Stimme nicht einerley: einigen fehlen etliche Töne in der Höhe, und ſie haben dafür etliche Töne in der Tiefe mehr; daß alſo daraus viererley Gattungen von Stimmen entſtehen, von denen man die tiefſte, bey erwachſenen Mannsperſonen, den Baß, (ital. Baſſo) die zunächſt darauf folgende, den Tenor, (Tenore) die tiefſte Knaben- oder Frauenzimmerſtimme, den Alt, (Contralto) die höhere aber den Discant oder Sopran (Canto, Soprano) nennt.

§. 2.

Alle Töne nun, welche durch dieſe verſchiedene Stimmen hervorgebracht werden, können vermittelſt gewiſſer Zeichen dem Auge und dem Verſtande vorgeſtellt und deutlich gemacht werden, ſo wie man die Worte, welche der Menſch redet, vermittelſt der Buchſtaben zuſammenſetzt und aufſchreibt. Dieſe Zeichen werden Noten *) genannt;

*) Dieſe Benennung wird im doppelten Verſtande gebraucht: im allgemeinen, wenn alle Zeichen, deren ſich die Muſik im Schreiben bedient, darunter begriffen werden; im beſondern, wenn man nur die eigentlichen Tonzeichen darunter verſteht. In dieſem letztern Verſtande wird es in dieſer ganzen Lection genommen.

nannt; und diefe find für den Gefang das, was die Buchftaben für
die Sprache find.

§. 3.

Wenn man unter den Noten blos die eigentlichen Tonzeichen
verfteht, fo bleiben noch einige andere Zeichen übrig, welche entweder
den mufikalifchen Sinn und Ausdruck richtiger beftimmen, dergleichen die **Puncte** und **Paufen** find; oder den Noten zur Erläuterung dienen, welches die **Schlüßel** und **Linien** thun. Außer diefen giebt es noch einige zufällige Zeichen, von denen zu feiner Zeit geredet werden foll.

§. 4.

Das nothwendigfte ift die Bekanntfchaft mit den **Linien** und
Schlüßeln, ohne welche man mit den Noten nichts anfangen kann.
Die verfchiedene Stellung der Noten auf Linien und zwifchen denfelben zeigt, wie ein Ton gegen den andern höher oder tiefer klingen
müße, nachdem die Note ihren Standort nach oben oder nach unten hat. Der vorangefetzte Schlüßel aber zeigt, wie die vorgefchriebenen Töne richtig zu benennen find, und mit welcher Art von Stimme fie hervorgebracht werden müßen.

§. 5.

Das Steigen und Fallen der Töne durch Noten vorzuftellen,
ziehet man fünf **Linien** gleichlaufend über einander, und diefe
nennt man den **Notenplan** oder das **Liniensyftem.** Auch der
Name **Mufikleiter** ift fehr gewöhnlich, weil man eine Reihe von
Noten, die von der Linie zum Zwifchenraume (Spatium) und von diefem wieder zur Linie fortgehet, eine **ftufenweife** Fortfchreitung
nennt. Wenn die Stimme den Umfang der Töne, die auf und zwifchen diefen fünf Linien Raum haben, in der Höhe oder in der Tiefe
überfchreitet fo werden noch mehr Linien oben oder unten fo lange
beygefügt, als die Stimme in diefer Höhe oder Tiefe verweilt.

§. 6.

§. 6.

An den Noten ist zuvörderst der **Kopf** merkwürdig, welcher entweder hol oder gefüllt ist. Die

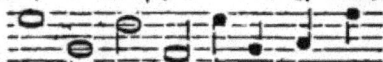

Benennung der **schwarzen** und **weißen** Noten, die in musikalischen Büchern vorkommt, ist daher entstanden. Durch diesen Kopf allein, nachdem er auf dem Notenplane hoch oder tief steht, erfährt man, ob der Ton höher oder tiefer klingen müsse. Die schwarzen Noten erscheinen allezeit mit einem Striche, die weißen bisweilen ohne denselben. Dieser Strich trägt zur Bestimmung des Tons in Ansehung der Höhe und Tiefe nichts bey; wie es denn auch in dieser Beziehung gleichgültig ist, ob der Strich an der Note auf = oder abwärts gekehrt ist. Bey den Notenschreibern ist es Observanz, daß sie den Strich aufwärts kehren, wenn der Kopf der Note unter der dritten Linie steht, und abwärts, wenn derselbe seinen Platz über der dritten Linie hat, wo nicht etwann die Verbindung mit andern Noten in eine Figur ein anderes erfodert.

§. 7.

Die Noten zu **benennen,** hat man aus dem Alphabete die ersten acht Buchstaben *) gewählt: a b c d e f g h. Eigentlich sind
in

---

*) Wer von den Guidonischen Sylben, ut, re, mi, fa, sol, la, und deren Anwendung im Gesange, Nachricht verlangt, kann sie in allen vor funfzig Jahren geschriebenen Singanweisungen, auch beym Tosi S. s. u. f. vom Herrn Agricola sehr gut erklärt, finden. Da sechs Sylben sieben Töne zu benennen zu wenig sind, so wird ein ieder leicht einsehen, daß man eine Sylbe bisweilen zweymal habe brauchen müssen; ja nicht nur eine, sondern mehrere, wie denn die beyden halben Töne in der Tonleiter allemal mi fa heißen mußten, um den Sänger zu erinnern, daß er keinen ganzen, sondern einen halben Ton zu singen habe. Aber mußte der Sänger den halben Ton nicht immer voraus sehen, ehe es ihm einfallen konnte, daß er mi fa hieße? und wenn er ihn sahe, so war es ja wohl einerley, ob er so oder anders hieß. Gleichwohl thaten sich die Alten auf diese herrliche Erfindung viel zu Gute; ja sogar einige Neuere
haben

in einer diatoniſchen *) Tonleiter nur ſieben Töne, und folglich nur
ſieben Buchſtaben zu deren Benennung nöthig: Man kann daher
unterdeß b und h für einerley halten, bis man den Unterſchied beyder Benennungen in der Folge verſtehen lernt. Gewiß iſt es, daß ſie
in einer und derſelben diatoniſchen Tonleiter nie zuſammen kommen.
Wir werden demnach, wenn wir in der zweyten Lection die erſte
Tonleiter vor uns haben, das a von ſeiner Stelle verſetzt, das b aus-
gelaſſen, und die Buchſtaben in folgender Ordnung finden: c d e f
g a h. Und da der Umfang aller muſikaliſchen Töne ſich wenigſtens
auf viermal ſieben Töne erſtreckt, wie man auf allen Clavierinſtru-
menten ſehen kann, ſo wiederholt man auch dieſe ſieben Buchſtaben
ſo vielmal; dergeſtalt, daß von c der achte Ton wieder c, von d der
achte Ton wieder d, von e der achte Ton wieder e genennt wird u. ſ. w.

§. 8.

Man würde aber dieſe Buchſtaben nicht gehörig unter die Noten
zu bringen wiſſen, wenn man nicht einen gewiſſen feſten Punct hätte, von welchem man ausgehen kann. Dieſen Punct nun beſtim-
men die ſogenannten Schlüſſel. Man hat deren dreyerley: den
C- den F- und den G-Schlüſſel. Des erſtern bedienen ſich die Te-
nor-Alt-und Diſcantſtimme; des zweyten allein der Baß; der dritte
iſt

---

haben ſich dieſe Pedanterey nicht wollen nehmen laſſen. Die Verwechſelung einer
Eylbe mit der andern nennte man Mutation. Wenn die Alten in der Tonleiter
nur ſechs Töne aufſtiegen, ſo giengen ihre Solben grade auf; ſie ſangen alſo:

c d e f g a
ut re mi fa ſol la

Sollte aber die Tonleiter ganz werden, ſo mutirten ſie auf a, um auf h e mi fa zu
bringen. Z. E. c d e f g a h c.
ut re mi fa ſol re mi fa.

Zur Geſchichte dieſer ſogenannten Solmiſation kann man Adlungs muſikaliſche
Gelahrtheit von S. 171-181. nachleſen, allwo man auch den Streit zwiſchen Mat-
theſon und Buttſtedt, dem Erzſolmiſator, erzählt findet.

*) Diß Wort ſoll in der zweyten Lection erklärt werden.

E

iſt eigentlich nur bey Inſtrumenten, als der Violin, Flöte, Oboe
u. ſ. w. gebräuchlich, weswegen er auch der Violinſchlüßel genennt
wird; doch pflegt man in England und Frankreich viel für die
Discantſtimme mit dieſem Schlüßel zu ſchreiben, ſo daß eine Be-
kanntſchaft mit demſelben dem Sänger ebenfalls nöthig iſt. Dieſe
Schlüßel nun werden zu Anfange iedes muſikaliſchen Stück's auf eine der fünf Linien der erſten Notenzeile geſetzt, auch wohl auf allen
folgenden wiederholt, und weiſen an, wie man die Noten im Auf-
und Abſteigen zu benennen habe *), indem ſie für die Linie, auf
welcher ſie ſtehen, die Benennung von c, f oder g feſt ſetzen. Die
Geſtalt dieſer Schlüßel, und ihre verſchiedene Stelle, iſt folgende:
Der

---

*) Insgemein wird das Erlernen der Noten den Schülern bloß als eine Gedächtnißſa-
che aufgegeben, und dieſe, beſonders wenn ihr Gedächtniß ſchlecht iſt, plagen ſich oft
eine lange Zeit damit, ehe ſie recht feſt darinne werden. Gleichwohl muß es iedem
Anfänger ganz leicht ſeyn, die Noten beym erſten Anblick ſelbſt zu benennen, wenn
man ihm nur den Grund dazu an die Hand giebt. Um gewiſſe ſchlechte Lehrarten zu
verdrängen, laſſe ich mich eben umſtändlich auf Dinge ein, die ich ſonſt lieber übergangen hätte. Mein Rath iſt alſo der: Man laſſe den Schüler vorläufig die Reihe
der ſieben Buchſtaben vor- und rückwärts ſich ins Gedächtniß bringen; und da mit
den ſieben Buchſtaben immer wieder von forn angefangen wird, wenn die Reihe der
Töne über ſieben hinaus geht, ſo ſetze man den erſten Buchſtaben, zur Erinnerung
dieſes Umſtandes, für den achten Ton hinzu, wie folget:

Vorwärts, im aufſtigen der Töne: c d e f g a h c.

Rückwärts, im abſtigen der Töne: c h a g f e d c.

Und nun laſſe man den Schüler nach Anweiſung des C - Schlüßels die Buchſtaben
ſelbſt unter die in Reihen geſtellten Noten bringen. Im F - Schlüßel wird die Reihe
der Buchſtaben folgende ſeyn:

Vorwärts, oder aufſtrigend: f g a h c d e f.

Rückwärts, oder abſtrigend: f e d c h a g f.

Der G - Schlüſſel endlich ordnet die Buchſtaben folgender Geſtalt:

Vorwärts, oder aufſtrigend: g a h c d e f g.

Abwärts, oder abſtrigend: g f e d c h a g.

Der C-Schlüßel, für den Discant, auf der untersten Linie

für den Alt, auf der dritten Linie

für den Tenor, auf der vierten Linie : *)

Der Baß- oder F-Schlüßel steht ebenfalls auf der vierten Linie,

oder und giebt derselben, oder der darauf stehenden

Note, den Namen F, so wie die drey obigen den Linien, auf welchen sie stehen, den Namen C geben. Mit dem Violin oder G-
Schlüßel hat es gleiche Bewandniß: er steht insgemein auf der

zweyten Linie. Die Franzosen setzen ihn auch auf die erste

Linie, und er bekommt daher den Namen des französischen

Schlüßels; die Noten erhalten dadurch mit den Baßnoten einerley
Namen.

§. 9.

Um sich in Benennung der Noten unter verschiedenen Schlüs-
seln, nach der in voriger Anmerkung gegebenen Anweisung zu üben,
nehme man folgende Notenreihen vor, gebe auf die Gestalt und den
Standort des Schlüßels Achtung, um nur erst eines c, f oder g hab-
haft zu werden: sodann fahre man mit der vorhin beschriebenen Ordnung der Buchstaben fort, und erinnere sich, daß mit der achten Note die Reihe derselben von forn angehet:

E 2 Auf-

---

*) Die Alten setzen auch den Tenorschlüßel auf die fünfte und den Discantschlüßel auf
die zweyte Linie, und nannten sodann jenes den tiefen Tenor- und dieses den tiefen
Discantschlüßel. Auch der Baßschlüßel ward bisweilen auf die dritte und fünfte Linie gesetzt. Heut zu Tage sind diese Schlüßel nicht mehr im Gebrauche; doch mag
ein Chorsänger sich immer gelegentlich mit ihnen auch bekannt machen, weil sie ihm
in Motetten und a-dern alten Kirchenmusiken noch oft zu Gesichte kommen können.

Die vier erſten Tonreihen ſind nach dem heut zu Tage nöthigen Umfange der Singſtimmen eingerichtet. Die fünfte richtet ſich im Abſteigen nach der Violin; im Aufſteigen wollen wir itzt den Violiniſten nicht nachklettern, die mit ihren Fingern ſich bis über das Griffbret hinaus verlieren, und noch um eine ganze Octave höher fliegen, als die vorgelegte Tonleiter enthält. Zum fernern Vortrage unſerer Lehren wollen wir uns nur des Diſcantſchlüßels, und der Diſcantnoten bedienen.

§. 10.

Wenn ſich nun der Singſchüler in die Benennung der Töne einigermaßen zu finden weiß, ſo muß man den Verſuch mit der Stimme machen. Wenn Anlage zum Singen, d. i. Stimme und Gehör

da ſind, ſo muß es ihm nicht ſchwer werden, folgende vier aufſteigende Tône rein und deutlich anzugeben:

Aufſteigend. **Abſteigend.**

Vier auf dieſe Weiſe auf- oder abſteigende Tône benennen wir mit
einem von den griechiſchen Tonlehrern entlehnten Namen: Tetrachord. Im Deutſchen kann man es eine *) viertônige Leiter
nennen.

§. II.

Die Entfernung von einem Tone zum andern iſt unter dieſen vier
Tônen nicht gleich groß: die vom dritten zum vierten, von h zu c, iſt,
wenn die Intonation rein geweſen, um die Hälfte kleiner, als die
von g zu a, oder von a zu h. Wenn nun g zu a, oder a zu h einen
ganzen Ton enthält, ſo enthält h zu c einen halben. Dieſen
Unterſchied des ganzen und halben Tons dem Gehôre fühlbar zu machen, iſt ein Hauptumſtand bey Erlernung des Geſanges **). Und
da ieder ganze Ton in zwey halbe getheilt werden kann, ſo kann es
nicht ſchaden, wenn man immer im voraus verſucht, ob man den halben Ton zwiſchen g und a, zwiſchen a und h mit der Stimme anzugeben vermag, wenn man ihn auch noch nicht zu benennen weiß;
denn davon iſt es izt noch nicht Zeit zu reden. Ein Exempel zur
Uebung des ganzen und halben Tons auf- und abſteigend, in dem
Umfange des vorgeſchriebenen Tetrachords, wird hier nicht überflüßig
ſeyn.

C 3 In

---

*) Analogiſch richtiger würde man es durch Vierſalter überſetzen, weil man Mono-
chord durch Einſalter überſetzt. Aber zu was dieſe Ueberſetzungen?

**) Die halben Tône in den Exempeln genauer zu bemerken, will ich ſie anfänglich im-
mer mit ⋀ bezeichnen.

In dieſer und noch einigen folgenden Lectionen muß der Schüler die Noten immer mit den Buchſtaben benennen, um ſich in der
Kenntniß derſelben recht feſt zu ſetzen. Zu ſeiner Zeit wollen wir
die Buchſtaben mit Sylben, und endlich die Sylben mit Worten
verwechſeln. In Anſehung der Tactabtheilung, und der darauf ſich
beziehenden Geltung der Noten, braucht vorietzt der Schüler nichts
weiter zu wiſſen, als daß die Noten in obigem Exempel alle von gleichem Werthe ſind, folglich eine ſo lang ausgehalten wird, als die
andere.

§. 12.

Eine der nothwendigſten Zierrathen des Geſanges, und welche
zugleich die meiſte Uebung erfodert, iſt das **Trillo.** Ich halte es
daher für nöthig, ſogleich in der erſten Lection Anſtalt zu Gewin-
nung deſſelben zu machen, und es dem Schüler zur täglichen Uebung
zu empfehlen. Es beſtehet aus einer oftmaligen und geſchwinden
Abwechſelung zweener Töne, die einen ganzen oder halben Ton gegen einander ausmachen, und wird am meiſten bey Schlußfällen
auf der vorletzten Note angebracht. Der unterſte dieſer beyden Töne
iſt der Hauptton, welcher das Trillo trägt, der darüber liegende ganze oder halbe Ton hat indeß das Recht anzufangen. Am Ende, ehe
das Trillo in die Schlußnote läuft, wird noch ein ſogenannter Nach-
ſchlag angehängt, welcher mit dem unterwärts liegenden ganzen
oder halben Tone gemacht wird. Man pflegt es über den Noten
mit dem Zeichen tr anzudeuten, und mein Vorſatz iſt, es in ieder
Lection, der Uebung wegen, über einige Noten zu ſetzen. So viel
ſey für itzt genug; das übrige ſoll zu ſeiner Zeit, wenn von den Manieren

nieren wird geredet werden, folgen. Der Schüler kann es auf iedem Tone ohne Unterschied etwas lang anhaltend, doch so deutlich,
rein, und gleichschlagend als möglich, mit oder ohne Nachschlag,
üben: ich will ihm von beyden ein Beyspiel in Noten vorstellen.
A sey die Hauptnote, h ist alsdann die Hülfsnote, diese fängt an,
und wechselt mit a folgender Gestalt ab:

Ohne Nachschlag.   Nachschlag.

Der beste Rath ist, daß man es bald mit starcker, bald mit schwacher Stimme versucht, langsam anfängt, und immer etwas geschwinder damit wird, bis sich die Kehle dazu einrichtet, es sogleich so geschwind, als nöthig ist, heraus zu bringen. Man übe es hernach
auch, so wie es in Verbindung mit andern Tönen z. E. bey Schlüs-
sen vorkömmt; es wird, wie gesagt, auf der vorletzten Note angebracht, und mit dem Nachschlage begleitet.

Daß es im zweyten Exempel mit dem halben Tone gemacht werde,
wird der Schüler aus dem vorher gesagten schon wissen; auch binde
er sich nicht an die hier vorgeschriebene Anzahl der Abwechslungen
beyder Töne. Im Anfange kann er der Uebung wegen nicht zu lange damit fortfahren, und wenn er es in seiner Gewalt hat, ist ein ver-
längertes, gleichschlagendes, reines Trillo eine große Schönheit,
wenn das Zeitmaaß dazu Erlaubniß giebt.

Zwey-

Zweyte Lection.

§. 1.

Um den in vier stufenweise fortschreitenden Tönen befindlichen halben Ton genau von den übrigen ganzen Tönen zu unterscheiden, nehme man von dem in voriger Lection vorgestellten Tetrachorde von unten einen Ton nach dem andern weg, und setze dafür oben einen zu. Die Stelle des halben Tons h-c wird dadurch verrückt, und man erfährt auf diese Weise, ob das Ohr und die Kehlen zum Unterschiede des ganzen und halben Tons gestimmt sind. Ich habe in den folgenden Exempeln über die beyden Noten des halben Tons abermals das Zeichen ∧ gesetzt.

Hier sind vier Tetrachorde, von denen die drey ersten, in Betrachtung der Ordnung der Töne, einander nicht ähnlich sind. Das erste schreitet mit zween ganzen Tönen und einem halben, das zweyte mit einem ganzen einem halben und dann wieder einem ganzen, das dritte aber mit einem halben und zween ganzen Tönen fort. Blos das vierte ist dem ersten in der Ordnung der auf einander folgenden Töne ähnlich. Es ist von Natur leichter nach zween ganzen Tönen einen halben Ton, als wieder einen ganzen hören zu lassen; und der Sänger wird gewiß von e zu f einen halben Ton angeben, wenn er auch noch nicht weiß, daß dahin ein solcher gehört.

§. 2.

§. 2.

Nun einmal das erste und vierte Tetrachord neben einander gestellt :

In diesen beyden Tetrachorden hat man die Materialien zur ersten natürlichen diatonischen Tonleiter. Sie in ihrer wahren Gestalt vorzustellen, darf man nur das zweyte von diesen beyden Tetrachorden zuerst nehmen, und es um acht Stufen in die Tiefe herab, oder, wenn man lieber will, das erste Tetrachord, hinter dem zweyten, um acht Stufen in die Höhe hinauf setzen. Z. E.

2tes Tetrach.   1tes Tetrach.
8 St. herab.   8 St. hinauf.

§. 3.

Eine solche Reihe von acht stufenweise fortschreitenden Tönen nennt man eine Tonleiter (Scala), weil man sich dabey eine Aehnlichkeit mit dem Auf- und Absteigen auf einer gewöhnlichen Leiter denken kann. Diese Leiter von c bis c wird als die erste, als die Haupt- oder Stammleiter angesehen, weil die andern alle nach ihr gebildet werden.

§. 4.

Natürlich nennt man diese Leiter, weil ihre Töne durch keine Versetzungszeichen verändert oder versetzt werden, welches bey allen andern nach ihr gebildeten Tonleitern geschehen muß, weswegen sie auch versetzte Tonleitern genennt werden. Diatonisch heißt sie, wegen der Art ihrer Fortschreitung durch ganze und große *) halbe Töne

*) Der Unterschied zwischen großen und kleinen halben Tönen soll in der nächsten Lection erklärt werden. F

Tône, zum Unterschiede einer andern Art von Fortschreitung, welche die chromatische *) genennt wird, und durch große und kleine halbe Tône geschieht; so wie eine dritte, die enharmonische genannt, dem Gesichte auf dem Papiere noch Viertelstône vorstellt, welche aber, nach der heutigen Einrichtung der Musik, zu keiner eigenen Tonleiter mehr brauchbar sind.

§. 5.

Eine solche diatonische Tonleiter nun ist entweder **hart** oder **weich**. Um mich darüber deutlicher zu erklären, muß ich einige Begriffe von den Intervallen, die in der Tonleiter enthalten sind, voraus schicken.

§. 6.

Ein **Intervall** (vom lateinischen Intervallum) ist die Entfernung, oder der Abstand eines höhern Tons von einem tiefern. Es werden also zween Tône zu einem Intervall erfodert. Ein Ton allein, z. E. der Ton c oder f ist zwar immer ein musikalischer Ton; aber für sich allein betrachtet ist er kein Intervall, und weder ein ganzer noch ein halber Ton, weil er nur das eine Ende, womit man einen ganzen oder halben Ton zusammen setzt, vorstellt. Es ist demnach unrichtig, wenn man sagt: c ist ein ganzer Ton, d ist ein ganzer Ton; denn beyde zusammen, c und d neben oder über einander, geben einen ganzen Ton, oder sind um einen ganzen Ton von einander entfernt. Eben so ist e kein halber Ton, und f kein halber Ton; aber e ist von f um einen halben Ton entfernt.

§. 7.

*) Wohl zu merken, daß die Art der Fortschreitung allein bestimmt, was diatonisch, chromatisch oder enharmonisch ist; und daß folglich nicht alles, was ein Versetzungszeichen vor sich hat, chromatisch könne genennt werden, wie einige aus Mißverstande thun, weil sie die Versetzungszeichen, eben so irrig, chromatische Zeichen nennen. Sechs vorgezeichnete ♯ oder ♭ machen den Gesang weder chromatisch noch enharmonisch, so lange die Tône in ganzen und großen halben Tönen fortschreiten, und die Tonleiter von ♭ ist eben so diatonisch, als die von c, ob sie gleich ihren Tönen fünf Kreuze vorzeichnen muß. Die Gestalt der chromatischen und enharmonischen Tonleiter wird in folgender Lection bekannt gemacht werden.

§. 7.

Die Namen der Intervalle sind aus der lateinischen Sprache genommen, und gründen sich auf die Zahl der Stufen, um welche die beyden zu einem Intervall erfoderlichen Töne von einander ab= stehen. Was Stufen sind, ist im Vorhergehenden schon gesagt worden, und die Tonleiter ist das vollständigste Bild davon: so viel Töne, so viel Stufen. Weil nun diese Stufen immer auf der näch= sten oder zweyten Stelle im Notenplane neben einander stehen, so werden sie Secunden *) genannt. Alle ganze und große halbe Töne sind demnach Secunden. Die übrigen Intervalle, welche alle weiter von einander entfernt sind, als eine Secunde, werden überhaupt Sprünge genannt, weil in denselben 1, 2, 3, 4, und mehrere Stufen der Tonleiter übersprungen werden.

Ich will itzt die Intervalle nur kurz mit ihren Benennungen, so wie sie sich in der Tonleiter gegen den ersten oder Grundton finden, vorstellen. Man zählt allemal von der tiefern zur höhern Note, und die Zahl der Stufen von einem Tone bis zum andern, wenn man den tiefern mitgezählt oder Prime nennt, bestimmt den Namen des Intervalls auf folgende Art:

Diese Intervalle bekommen auch verschiedene Beynamen, nach Verschiedenheit ihrer Größe. Von den Primen, Octaven, Quarten und Quinten sagt man rein oder vollkommen; die Secunden, Terzen, Sexten und Septimen sind entweder groß oder klein. Ver= mindert und übermäßig läßt sich von den meisten sagen. Was

F 2 es

*) Secunda scil. distantia.

es damit für Bewandniß habe, wird künftig deutlicher erklärt werden; vorietzt merke man nur, daß alle Intervalle der harten Tonleiter vollkommen oder groß sind.

§. 8.

So viel ist genug, um den Unterschied zwischen der harten und
weichen Tonleiter einzusehen. Der wesentlichste Unterschied liegt in
der Terz, welche in der harten Tonleiter zween ganze Töne in drey
Stufen enthält, und daher die große genannt wird; da hingegen
die Terz der weichen Tonleiter nur einen ganzen und einen großen
halben Ton, aber ebenfalls in drey Stufen, beträgt, weswegen sie
auch den Namen der kleinen führt. Von der weichen Tonleiter
soll in folgender Lection ausführlicher gehandelt werden.

§. 9.

In ieder harten Tonleiter muß demnach der dritte mit dem vierten Tone, oder die Terz mit der Quarte, ingleichen der siebende mit
dem achten, oder die Septime mit der Octave, einen halben Ton ausmachen. Die übrigen alle sind, stufenweise gegen einander vergli-
chen, ganze Töne.

§. 10.

Mit dem achten Tone, welcher mit dem ersten allemal gleiche
Benennung führt, wird die Tonleiter geendigt, ob man gleich diesen
achten Ton auch als den ersten zur Fortsetzung oder Verlängerung
der Leiter ansehen kann. Man kann nemlich, von diesem Tone an,
die in der Leiter enthaltenen acht Töne in eben der aufsteigenden
Ordnung, und mit eben den Benennungen, noch einmal hören lassen, und diese höhern acht Töne sind mit den tiefern so gleichlautend,
daß sie das Ohr für einen Einklang *) annimmt. Man mache den
Versuch mit folgendem Exempel. Das Ohr wird freylich den Un-
ter=

---

*) Einklang, (Unisonus) im strengsten Verstande, ist, wenn zwo oder mehr Stim-
men mit einerley Tönen in einer und eben derselben Octave fortgehen: Z. E.

Im

ferſchied zwiſchen hoch und tief empfinden; aber das Gleichlautende der Töne, wenn beyde Stimmen rein ſingen, wird ihm nicht entgehen.

c d e f g a h c

c d e f g a h c

Die fortgeſetzte oder verlängerte Tonleiter ſieht folgender Geſtalt aus:

1 2 3 4 5 6 7 8 1 2 3 4 5 6 7 8

Der achte Ton iſt der letzte der erſten Hälfte, und zugleich der erſte der andern Hälfte dieſer verlängerten Tonleiter.

§. II.

Eine ſolche Reihe von acht Tönen wird ebenfalls mit dem Namen einer Octave belegt, in einem etwas andern Verſtande, als dieſe Benennung oben unter den Intervallen vorkam, und noch oft vor-

F 3

Im weitläuftigern Verſtande wird auch das Fortſchreiten der Stimmen mit einerley Tönen in verſchiednen Octaven ein Uniſonus oder Einklang genennt.

vorkommen wird *). Dem zu Folge enthält die obige Tonleiter zwo Octaven, von denen die erste die einmal gestrichene, oder eingestri= chene, die andere aber die zweymal gestrichene, oder zweygestri= chene Octave genannt wird. Eine Benennung, die aus der alten deutschen Tabulatur, oder Art, die Töne durch Buchstaben und darüber gesetzte Striche aufzuschreiben, herrührt. Z. E.

$$\overline{\overline{c}} \quad \overline{\overline{d}} \quad \overline{\overline{e}} \quad \overline{\overline{f}} \quad \overline{\overline{g}} \quad \overline{\overline{a}} \quad \overline{\overline{h}} \quad \overline{c} \quad \overline{d} \quad \overline{e} \quad \overline{f} \quad \overline{g} \quad \overline{a} \quad \overline{h} \quad c.$$

Mit dem letzten c gieng die dreygestrichene Octave an, die auf unsern Clavieren bis ins f fortgesetzt wird. Eine Reihe von acht tiefern Tönen, als das obige erste oder eingestrichene c, hieß die kleine oder ungestrichene Octave, und eine noch unter der klei= nen liegende Reihe ward die große Octave genannt, weil man sie mit großen Buchstaben, z. E. C, D, E u. s. f. schrieb. Daß also zu vier verschiedenen Octaven auch vier verschiedene Benennungen wa= ren, welche noch heut zu Tage öfters vorkommen, und billig von ei= nem Sänger verstanden werden müssen. Das c ward allemal als die erste Note einer darauf folgenden Octave angesehen, und auch so bezeichnet, ob man es gleich der vorhergehenden Octave, um ihre Benennung zu rechtfertigen, und sie vollzumachen, nothwendig mit beyfügen mußte.

§. 12.

Noch ein anderes Kunstwort ist hier zu erklären, das mit dem Worte Tonleiter von ähnlicher Bedeutung ist. Die Lateiner haben ein Wort Modus (scil. musicus), das wir im deutschen durch Tonart übersetzen. Kürzer wegzukommen, und um nicht zwo Sylben zu sprechen, wo man an einer genug zu haben glaubt, be= dient man sich auch des Wortes Ton statt Tonart. Man fragt insgemein: Aus welchem Tone ist das Stück? eigentlich sollte man
sagen:

*) Wenn von der Octave, als Intervall, die Rede ist, sieht man nur auf die beyden äu= ßersten Enden derselben; hier aber werden alle Töne, die zwischen den beyden Enden liegen, mit verstanden.

fagen: Aus welcher Tonart, oder aus welcher Tonleiter ist das
Stück? Diese Frage zu verstehen, muß man wissen, daß ieder Ton
seine eigene harte oder weiche diatonische Tonleiter haben könne, und
daß iedem musikalischen Stücke ein gewisser Ton, mit seiner harten
oder weichen Leiter, zum Grunde gelegt werde, der darinne als herr-
schend zu betrachten sey.   Die Tonarten sind daher ebenfalls von
zweyerley Gattung, hart oder weich.   Anstatt hart hat auch im
Deutschen das Wörtchen dur, und anstatt weich das Wörtchen
moll (vom lateinischen durus, mollis) das Bürgerrecht erhalten. Alle
Tage hört man, wenn von Tonarten die Rede ist, c dur, c moll, a dur,
a moll, u. s. w. sagen, welches man sich nun zu erklären wissen wird.

§. 13.

Die Lehre von den Tonarten der Alten gehört mehr zur Geschichte der Musik, als sie zur praktischen Erlernung derselben heut
zu Tage nothwendig ist; daher ich mich auch hier darauf nicht weiter einlassen will.   In der vierten Lection wird noch etwas davon
vorkommen.   Man kann außerdem fast in allen musikalischen Büchern Nachricht davon haben. Dafür will ich das am Ende vorgelegte Exempel, zur Uebung der harten Tonleiter, und nochmals zur Bemer-
kung des Unterschieds zwischen ganzen und halben Tönen, empfehlen.

§. 14.

Als eine Vorbereitung zum tactmäßigen Singer, kann ich auch
folgende Anmerkung nicht länger zurück halten: Unter zwo neben einander stehenden, der Gestalt und dem Werthe
nach gleichen Noten, ist, bey gleicher oder gerader Abtheilung des Tacts, der innerlichen Qvantität nach *),
immer die eine lang, und die andere kurz. Dieser Umstand hat seinen Grund in dem natürlichen Gefühle der Menschen,
                                                              und

---

*) Die äußerliche Qvantität verändert sowohl die Gestalt als den Werth der Noten;
wir haben es alsdann mit ganzen und halben Tactnoten, mit Vierteln, Achteln u. s. f.
zu thun; wovon in der fünften Lection ein mehreres.

und äußert sich sogar in der Sprache; indem man nicht zwo Sylben
nach einander aussprechen kann, daß nicht die eine kürzer schiene, als
die andere, die Prosodie mag auch dagegen einwenden, was sie will.
Welche nun unter zwo gleichgeltenden Noten lang, und welche kurz
sey, das muß die Tactabtheilung bestimmen. Auf dem Papiere geschieht dieß vermittelst eines Strichs, welcher durch alle fünf Linien
gezogen wird, und daher den Namen eines Tactstrichs *) führt;
bey der Ausführung eines Stücks aber geschieht es durch das Niederschlagen und Aufheben **) der Hand. Das letzte gilt für die
kur-

---

*) Was zwischen zween solchen Strichen stehet, es mögen nun eine, zwey, drey oder
zwanzig Noten seyn, wird ein Tact genennt.

**) Ein paar Kunstwörter, die wir den Griechen abgeborgt haben, und welche in die-
sem Werke sich wohl bisweilen mit eindrängen möchten, so gern ich auch sonst alles
deutsch sage, was sich deutsch sagen läßt, mag man sich im voraus bekannt machen.
Das Niederschlagen der Hand heißt Thesis, und das Aufheben derselben, oder wie
man insgemein sagt, der Aufschlag, Arsis. In einigen musikalischen Büchern findet
man diese beyden Wörter, in der Anwendung auf die Tacttheile, anders verdeutscht,
und das erste durch guter Tacttheil, das andere durch schlimmer Tacttheil, nach
dem italiänischen nota buona, nota cativa, übersetzt. Wenn diese Uebersetzung
schon durchgängig angenommen wäre, oder es ie werden sollte, so würde ich nichts
dagegen haben; da ich aber daran zweifle, so erlaube man mir immer statt guter Tacttheil, langer Tacttheil, und statt schlimmer, kurzer Tacttheil zu sagen. Schlimm
im Gegensatze von gut, ist so viel als böse; das ist nun wohl von dem armen Tacttheile zu lieblos gesprochen. Alle andere Bedeutungen, die man dem Worte schlimm
etwan geben könnte, als: arg, gefährlich, tückisch, krumm, scheinen sich eben so wenig zur Sache zu schicken. Ueberhaupt gewinnen wir nicht viel dabey, wenn wir
die aus fremden Sprachen entlehnten Wörter einer Kunst in die unsrige übersetzen.
Ein ieder, der die Kunst versteht, lernt auch ihre Sprache verstehen; und dem, der
von ieuer nichts weiß, helfen auch diese reinern Ausdrücke seiner Muttersprache zu
nichts; er muß sie doch auch eben so, wie jene entlehnten Wörter, erst verstehen lernen. Das beste scheint mir zu seyn, wenn man schon einigermaßen bekannte Uebersetzungen von fremden Kunstwörtern braucht, ohne die Absicht zu haben, diese dadurch
verdrängen zu wollen; die meisten können ohnedem durch eine deutsche Endung der
deutschen Sprache ähnlich gemacht werden.

kurze, das erste für die lange Note, wenn nicht mehr als zwo Noten in einem Tacte beysammen sind. Der Tactstrich, welcher zugleich den Niederschlag andeutet, steht allemal unmittelbar vor der langen Note.

Um sich bey Zeiten zum Gefühle des Tacts zu gewöhnen, will ich das Uebungsexempel in gleichgeltenden Noten, immer zwo und zwo Noten für einen Tact, auf doppelte Art abgetheilt, hersetzen. Diese Tacteintheilung deute ich im Anfange durch das Zeichen 2 an. Man wird wohl thun, wenn man, indem man es singt, nach der vorgeschriebenen Abtheilung den Tact mit der Hand *) dazu schlägt; auch wohl zur Veränderung, und um in der Sache noch fester zu werden, anstatt der Buchstaben, die Zahlen eins, zwey unter den Noten ausspricht: eins für die lange, und zwey für die kurze Note.

Erste Art der Tactabtheilung.

Zwey.

*) Ueber die beste Art den Tact zu schlagen sehe man s. 2. der 5ten, und s. 15. der 6ten Lection nach, um hier und in folgenden Lectionen sogleich die Anwendung davon zu machen.

**) Das über einigen Noten vorgeschriebene Trillo kann in diesem und allen folgenden Uebungsexempeln so lange ausgesetzt bleiben, als der Sänger noch seine ganze Auf-
merk.

G

Zweyte Art.

§. 15.

Den Unterſchied zwiſchen den innerlich langen und kurzen Noten, der, wie geſagt, mit den langen und kurzen Sylben der Sprache auf einerley Grunde beruht, noch überzeugender einzuſehen, vergleiche man folgende beyde Zeilen mit einander:

      Freu dich ſehr o meine Seele.

      Ich bin ja Herr in deiner Macht.

Sie ſind in der Zahl der Sylben und der metriſchen *) Füße beyde einander gleich; jede hat acht Sylben, und in denſelben vier Füße. Die Länge und Kürze der Sylben aber bringt in beyde einen ſehr fühlbaren Unterſchied; die erſte Zeile lieſt man ſo:

      Freu dich | ſehr o | meine | Seele.

Die andere ſo:

      Ich | bin ja | Herr in | deiner | Macht.

So

merkſamkeit auf das Benennen und Treffen der Töne, ingleichen auf die Tactbewegung zu wenden hat. Wenn man aber damit in Richtigkeit iſt, dann müſſen, dem Trillo zu Gefallen, dieſe Exempel immer noch einigemal wiederholt werden.

*) Dieſe metriſchen Füſſe ſollen in der 14ten Lection ausführlicher erklärt werden.

So wie hier die Sylbenfüße auf verschiedene Art abgetheilt sind, so müssen es auch die Noten seyn, nach welchen diese Zeilen gesungen werden sollen. Man versuche einmal beyde Zeilen nach einerley Melodie und einerley Tactabtheilung; man schlage aber den Tact mit der Hand dazu:

Freu dich sehr o mei - ne See - le.
Ich bin ja Herr in dei - ner Macht.

Man müßte kein Gefühl haben, wenn man nicht gewahr würde, daß die zweyte Zeile sich zu dieser Tactbewegung gar nicht schickt. Nun theile man aber eben dieselbe Melodie, für die zweyte Zeile, folgender Gestalt ab:

Ich bin ja Herr in dei - ner Macht.

Sogleich wird man empfinden, daß hier die bloße Tactabtheilung die Melodie nach der Länge und Kürze der Sylben einrichtet, und den Noten einen gewissen innern Unterschied der Qvantität giebt, den sie äußerlich, als völlig gleichgeltende Noten, nicht haben, sondern blos durch die Stelle bekommen, welche sie als Tacttheile, entweder in Thesi oder in Arsi, einnehmen. Hierauf gründet sich die sehr wichtige Regel, die ein Singcomponist zu beobachten hat, daß iede lange Sylbe auf einem langen, iede kurze aber auf einem kurzen Tacttheile stehen müsse; wovon ein Sänger immer auch etwas wissen kann. Die oben angegebene doppelte Art der Tactabtheilung findet sich in den meisten unserer geistlichen Lieder oder Chorále. Wenn der Text sich mit einer langen Sylbe anfängt, so fängt die Melodie mit dem Niederschlage an; macht aber eine kurze Sylbe den Anfang, so muß auch in der Melodie eine Note vor dem Niederschlage voraus gehen; oder die Melodie fängt, wie man zu sagen pflegt, im Aufschlage an.

G 2 Drit-

Dritte Lection.

§. 1.

Es ist in voriger Lection gesagt worden, daß der wesentlichste Unterschied der harten und weichen Tonleiter in der Terz des Grundtons liege, als welche in der harten groß, in der weichen aber klein, d. i. um einen halben Ton tiefer seyn muß, als die große Terz. Wenn nun e zu c eine große Terz, und vermittelst derselben die harte Tonleiter giebt, so entsteht die Frage, wo wir zu c eine Terz hernehmen sollen, die um einen halben Ton niedriger ist, als e, um durch Hülfe derselben zur kleinen Tonleiter zu gelangen. Das d kann diese Terz nicht seyn, weil es gegen c nur einen ganzen Ton, oder eine große Secunde giebt. Wäre es nun möglich, zwischen d und e einen halben Ton zu finden, so hätte man die verlangte kleine Terz, welche, nach der Beschreibung des §. 8. in voriger Lection, einen ganzen und einen großen halben Ton in drey Stufen enthalten muß. Dieser Umstand ist nicht bloß möglich, sondern er ist wirklich.

§. 2.

Jeder ganze Ton kann in zween halbe, einen großen und kleinen halben Ton, getheilt werden. Der große halbe Ton steht in dem Liniensysteme gegen das eine Ende des ganzen Tons auf einerley Stufe. Oder deutlicher: man erhöht das untere Ende des ganzen Tons, oder erniedrigt das obere Ende desselben, so bekömmt man einen dazwischen liegenden halben Ton. Auf dem Papiere macht man dieß vermittelst gewisser den Noten vorgesetzter Zeichen, die man Versetzungszeichen nennt, den Augen sichtbar.

§. 3.

§. 3.

Dieser Zeichen, die man in zwo Classen, in einfache und zweyfache theilen kann, giebt es eigentlich sechs. In der ersten Classe befinden sich: 1) das Doppelkreuz x, 2) das lateinische oder runde B, b, 3) das sogenannte viereckige B, ♮. Mit dem ersten erhöht man einen Ton, wenn man es vor die Note desselben setzt, um einen kleinen halben Ton; mit dem zweyten erniedrigt man einen Ton um eben soviel, und mit dem dritten stellt man den durch ein x erhöhten, oder durch ein b erniedrigten Ton wieder in seiner ersten Bedeutung her. Die Beschaffenheit einiger Tonarten macht es nothwendig, daß bisweilen ein durch ein x erhöhter, oder durch ein b erniedrigter Ton noch um einen halben erhöht oder erniedrigt werden muß; und dann bedient man sich zum Erhöhen zweyer Kreuze xx, oder, um kürzer wegzukommen, nur des *) einfachen Kreuzes x; zum Erniedrigen aber zweyer bb, oder eines etwas größern und stärkern b. Den zweymal erhöhten oder erniedrigten Ton auf die einmalige Erhöhung oder Erniedrigung zurück zu führen, hat man noch kein einfaches und besonderes Zeichen erfunden: das ♮ allein ist unbestimmt und zweydeutig; es mit dem Kreuze oder B zu verbinden, z. E. ♮x, ♮b ist daher wohl immer das Beste, auch der Absicht am gemäßesten. Diese Doppelzeichen nun machen die zweyte Classe aus.

§. 4.

Die erhöhten oder erniedrigten Töne bekommen auch von der Hauptbenennung dieser Töne in etwas unterschiedene Namen. Man setzt nemlich dem Buchstaben der Note, die durch ein x erhöht wird, die Sylbe is, und wenn sie durch ein b erniedrigt wird, die

G 3 Sylbe:

---

*) Es ist sonderbar, daß man zur einfachen Erhöhung ein Doppelkreuz, zur zweyfachen hingegen nur ein einfaches erhöht; aber der Gebrauch hat es so eingeführt, und in der musikalischen Ortographie lassen sich gewisse Dinge nicht wohl ändern, wenn man nicht alle vorher geschriebene, gedruckte und gestochene Musikalien unbrauchbar machen will.

Sylbe es hinzu. Also macht man vermittelst des ♯ aus c cis, aus
d dis; ingleichen, vermittelst des ♭, aus c ces, aus d des, u. s. f.
Durch das ♮, welches das ♯ und ♭ wieder aufhebt, bekömmt die
Note ihre ursprüngliche Benennung wieder. Folgende Muster werden die Sache deutlich machen:

A   Halbe Töne durch Erhöhung.

c cis, d dis, e eis, f fis, g gis, a ais, h his, c.

B   Halbe Töne durch Erniedrigung.

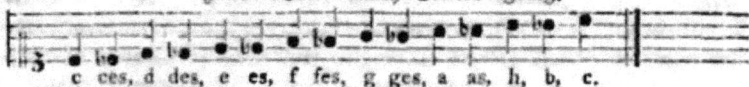

c ces, d des, e es, f fes, g ges, a as, h, b, c.

In Ansehung der Benennung ist hier zu merken, daß man von
a nicht aes, sondern as, von h nicht hes sondern b sagt; das erste der
Bequemlichkeit wegen, das andere vermöge eines alten Rechts, welches das b zu einer Stelle unter den musikalischen Tönen hat, und
worüber man **Matthesons** Criticam musicam. P. VI. S. 103. nachsehen kann.

In der stufenweisen Fortschreitung geht der erniedrigte Ton vor
dem Haupttone vorher.

C

c, des, d, es, e, fes, f, ges, g, as, a, b, h, ces, c.

§. 5.

Man erinnere sich, was oben §. 2. vom Unterschiede des großen
und kleinen halben Tons, so wie er auf dem Papiere sichtbar ist, gesagt worden, und suche sich in diesen Exempeln durch das Auge davon zu belehren. Dem zu Folge sind von c zu cis, von d zu dis, von
e zu eis, u. s. f. ingleichen von ces zu c, von des zu d, von es zu e, lauter

ter kleine halbe Töne; und dieß sind die wahren chromatischen Töne,
welche mit den Tönen der diatonischen Tonleiter vermischt, eine dia=
tonisch=chromatische Tonleiter geben, dergleichen bey A und C
zu sehen ist. Große halbe Töne finden sich in der ersten dieser Lei=
tern von cis zu d, von dis zu e, u. s. f. in der zweyten von c zu des,
von d zu es u. s. f. Die kleinen halben Töne, die sich zwischen e
und f, h und c befinden, welche selbst nur halbe Töne sind, zeigen
zwar einen Unterschied auf dem Papiere, wo sie aus harmonischen
Gründen auch nothwendig unterschieden werden müssen; in der
Ausübung aber wird eis mit f, his mit c, fes mit e, und ces mit h
für einerley, oder als gleichlautend angenommen, und auch so aus=
geübt. *)

§. 6.

Wenn man die doppelte Veränderung, die mit den Tönen der
diatonischen Tonleiter vorgenommen werden kann, zwischen denselben
in eine Reihe ordnet, so erhält man die so genannte diatonisch=chro=
matisch=enharmonische, oder, mit einem Worte, die enharmoni=
sche Tonleiter. Wiewohl, da in der chromatischen sich zwi=
schen eis und f, his und c, fes und e, ces und h, enharmonische Tö=
ne finden, man diese schon enharmonisch nennen könnte; doch a po=
tiori fit denominatio. Die wahre enharmonische Tonleiter sieht
demnach so aus:

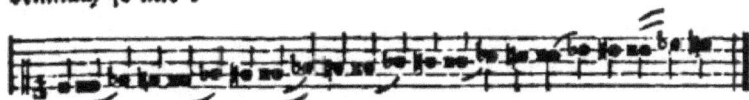

Die

*) Wollten die Lehrer des Gesanges ihre Schüler auch, der fortschreitenden halben Töne
wegen, die chromatische Tonleiter durchsingen lassen, so würden sie nicht übel thun.
Man kann überhaupt in Dingen, die von so großem Umfange sind, als die Kunst des
Singens, die Arten der Uebung nicht zu sehr vervielfältigen. In Ansehung der un=
ter doppelter Gestalt vorkommenden halben Töne, kann man den einen, z. E. in der
mit ♯ bezeichneten Tonleiter eis und his, in der mit ♭ bezeichneten aber fes und ces
auslassen.

Die mit einfachen Bogen bezeichneten Töne sind die sogenannten enharmonischen oder Viertelstöne, welche in der Ausübung
als gleich oder gleichlautend angenommen werden. Die mit doppelten Bogen bezeichneten hingegen sind nur als verschiedene Schreibarten von e und f, h und c, nicht aber als verschiedene Töne zu betrachten. Anfänger können itzt den Gebrauch davon noch nicht einsehen; ich hätte sie daher hier eben so gern damit verschont, als ich
sie voritzt mit der Anwendung der zweyfachen Versetzungszeichen
verschone, wenn ich nicht befürchtet hätte, daß ich die Materien
allzusehr zerstreuen möchte. So viel will ich ihnen zu ihrer Beru-
higung sagen, daß sie nie eine chromatische oder enharmonische Tonleiter einem Stücke zum Grunde gelegt finden werden; nur auf einzelne Stellen werden sie bisweilen stoßen, die in eine solche chromatische oder enharmonische Tonleiter gehören. Uebrigens bringt diese doppelte Versetzungsart der Töne eine neue Eintheilung derselben
hervor. Die sieben Töne der ersten harten Tonleiter nennt man
unabhängige, oder Haupttöne; die übrigen aber abhängige
oder Nebentöne, deren vierzehn sind: Sieben, die durch x, und sieben, die durch b hervorgebracht werden; daß wir also ein und zwanzig,
wenigstens auf dem Papiere, von einander unterschiedene Töne haben.

§. 7.

Nun wird man im Stande seyn, dem c eine kleine Terz zu
verschaffen, und vermittelst derselben die weiche Leiter dieses
Tons zusammen zu setzen. Die kleine Terz soll anderthalbe Töne
enthalten; da fragt sich nun: Sollen wir d um einen halben Ton erhöhen, oder e um einen halben Ton erniedrigen? Allerdings muß das
letzte geschehen, weil eine Terz ein Intervall in drey Stufen seyn soll.
Diese Erniedrigung anzudeuten, setzt man dem e ein b vor; der Ton
selbst wird alsdann nicht mehr mit e, sondern mit es ausgesprochen,
wie aus obigem bekannt ist.

Die

Die Stelle des halben Tons, die in der harten Tonleiter zwischen der dritten und vierten Stufe war, trift nun zwischen die zweyte und dritte; von es zu f hingegen, oder von der dritten zur vierten Stufe, erhalten wir einen ganzen Ton. Dieß ist der wesentlichste Unterschied im ersten Tetrachorde der harten und weichen Tonleiter, den ein Sänger leicht fassen und behalten wird.

§. 8.

Das zweyte Tetrachord ist einigen Schwierigkeiten unterworfen. Nach der gemeinen Lehrart darf man dasselbe nur so, wie es in der harten Tonleiter ist, dem obigen beyfügen, so ist die **aufsteigende** weiche Tonleiter fertig: z. E.

Erstes   Zweytes Tetrachord.

Absteigend aber muß man den sechsten und siebenden Ton durch Vorsetzung eines b um einen halben Ton erniedrigen. In allen musikalischen Lehrbüchern findet man daher die Regel: „Die weiche Tonleiter steigt durch die große Sexte und große Septime **aufwärts**, durch die kleine Sext und kleine Septime aber **abwärts**; z. E.

Aufwärts.   Abwärts.

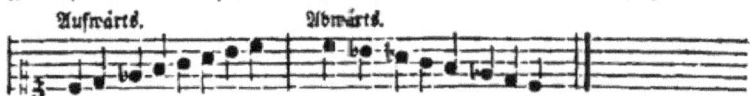

Wenn man mir erlaubt, hier einer andern Meynung zu folgen, so sage ich lieber: „Die weiche Tonleiter steigt durch die kleine Sexte und große Septime **auf und ab.** Blos der Bequemlichkeit wegen, und besonders in geschwinden Läufen, ist es erlaubt, aufsteigend die große Sexte, und absteigend die kleine Septime zu gebrauchen." Das Intervall der übermäßigen *) Secunde, das sich zwischen

*) Eben dieß Intervall der übermäßigen Secunde war Schuld, daß die Alten die Tonleiter zwiefach machten. Sie fanden es schwer zu singen, und warfen es daher weg: lie-

H

schen der kleinen Serte und große Septime findet, ist allerdings nicht
so gar leicht, und in geschwinder Bewegung kaum von einem Sän=
ger

lieber hätten sie es behalten, und fleißig üben sollen.   Sie glaubten, daß es in einer
diatonischen Leiter nicht Statt haben könne: gleich als ob es ein größer Uebel wäre, ei=
ne übermäßige Secunde in der Tonleiter, als eine solche zu haben, die in zwey In=
tervallen anders ab = als aufsteigt, d. i. groß und klein zugleich ist.   Und wenn die
Dreyklänge der nächstverwandten Intervalle eines Grundtons, der Quarte und Quin=
te nämlich, mit dem Dreyklange des Grundtons selbst vereinigt, alle Töne geben, die
zur harten Tonleiter gehören, wie z. E. No. 1. zu c dur:

No. 1.   No. 2.   No. 3.

so ist es klar, daß man auf gleiche Weise alle Töne darinne finden müsse, die zu einer
weichen Tonleiter gehören.   Man übersetze nun vorstehendes erstes Exempel, wie bey
No. 2. in die weiche Tonart, und vergleiche es mit No. 3. ohne vor einem unhar=
monischen Querstande zu erschrecken, der schon längst sehr harmonisch geworden ist,
und sich sowohl in No. 3. als in No. 2. findet: so wird man die Nothwendigkeit der
kleinen Terz zur Quarte f, und folglich der kleinen Serte zur Tonleiter, so gewiß füh=
len, als die Nothwendigkeit der großen Terz zur Quinte g, oder, welches einerley ist,
der großen Septime zum Grundtone.   Unsere weiche Tonleiter läßt sich aus obigem
Beyspiele nicht allein rechtfertigen, sondern ihre auf = und absteigende Fortschreitung ist
sogar darinne enthalten.   Man darf nur anstatt der Grundaccorde die von ihnen ab=
stammenden umgekehrten Accorde gebrauchen, und sie über einen liegenden Baßton,
nach Art des Orgelpuncts aufstellen. Z. E.

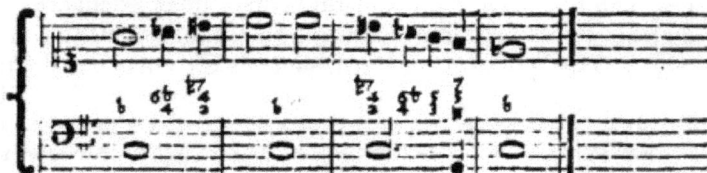

Die

ger rein anzugeben; in langsamen Sätzen hingegen, wo es heut zu
Tage sehr oft, besonders absteigend, vorkömmt, muß es ieder Sänger mit Sicherheit und ohne Mühe zu treffen wissen. Am besten
ist es demnach, daß wir ihm seinen Platz in der weichen Tonleiter
anweisen, in welche es von Rechts wegen gehört, damit ein Sänger
bey Zeiten Gelegenheit habe, sich damit bekannt zu machen, und es
zu üben. Die weiche Tonleiter von c wird demnach folgende seyn.

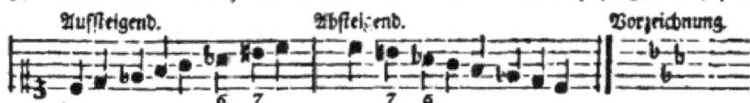

Ich habe zum Ueberflusse dem h ein ♮ vorgesetzt, weil freylich
in der Vorzeichnung des c moll das ♭ auf der Linie, wo h steht, nicht
wohl weggelassen werden kann, indem es das erste ♭ ist, auf welches
man stößt, wenn man aus der natürlichen Tonleiter in die mit ♭ bezeichneten Tonleitern übergehen will, und folglich allemal vor dem
zweyten und dritten vorher gehen muß. Die gewöhnliche Vorzeichnung von c moll, wie man sie zu Anfange eines Stücks erblickt,
besteht aus drey ben. Wer die große Septime vorzeichnen wollte,
müßte entweder das erste ♭ weglassen, oder ein ♮ an dessen Stelle setzen. Man lasse es aber immer beym Alten.

§. 9.

Obige weiche Tonleiter nun empfehle ich dem angehenden Sänger vorzüglich, aus eben dem Grunde, aus welchem sie die Alten ver-

H 2   war-

Die große Sexte und kleine Septime sollten daher nicht als wesentliche Intervalle der weichen Tonleiter, sondern blos als substituirte angesehen werden, die bisweilen die Stelle der kleinen Sexte und großen Septime vertreten. Selbst die Art
der Vorzeichnung in den Molltonarten, so wie sie bey den berühmtesten Componisten
gewöhnlich ist, redet der kleinen Sexte das Wort. Wenn einige Musikgelehrte
auch die große Septime vorgezeichnet haben wollen, so könnte dagegen wohl erinnert
werden, daß man alsdann nicht mehr bey einförmigen Zeichen bleiben könnte, sondern
bald ♮ und ♯, bald ✕ und ✗, bald ♭ und ♮ neben einander setzen müßte.

warfen. Sie übten sie nicht, weil sie keinen Gebrauch davon mach=
ten; unsere Componisten bedienen sich ihrer, wir müssen sie also üben.
Es ist dieß nicht der einzige Artickel in der Musik, den wir sehr gut
in unsern Nutzen zu verwenden gelernt haben, da ihn die Alten als
unbrauchbar ansahen. Doch will ich damit nicht verbieten, sich mit
der im vorigen Paragraph zugleich angezeigten Art des Aufsteigens
durch die große Sexte und Absteigens durch die kleine Septime be=
kannt zu machen. Auch diese Art kömmt in unsern Compositionen
oft genug vor ; und wenn man die Scale mit Geschwindigkeit zu
durchlaufen hat, ist sie nicht allein leichter, sondern auch siche=
rer. Ich werde indeß in der folgenden Lection alle versetzte weiche
Tonleitern nach der im vorigen Paragraph einrichten, und es einem
ieden überlassen, die zugelassene Abweichung im Auf= und Absteigen
selbst dagegen zu halten.

§. 10.

Man vergleiche nun diese weiche Tonleiter mit der harten, um sich den
Unterschied zwischen beyden recht bekannt zu machen. Nicht allein in der
Terz, wovon schon vorher ist geredet worden, sondern auch in der Sexte
findet sich eine Verschiedenheit, wodurch die Lage der halben Töne, ja
so gar ihre Anzahl, verändert wird. In der harten Tonleiter lagen die
halben Töne, deren **zwey** waren, zwischen der dritten und vierten,
siebenden und achten Stufe; in der weichen Tonleiter hingegen ha=
ben wir deren **drey**, zwischen der 2ten und 3ten, 5ten und 6ten,
7den und 8ten Stufe. Die übermäßige Secunde, zwischen der 6ten
und 7den Stufe, ist in der harten Tonleiter gar nicht da gewesen ;
das muß sie aber nicht hindern, ihren Platz, der ihr in der weichen
Tonleiter zukömmt, zu behaupten. Man merke sich nun diese wesentli=
che Unterscheidungszeichen, weil sie in künfriger Lection zur Richtschnur
dienen müssen, die versetzten Tonleitern zu bilden und zu beurtheilen.

§. 11.

Doch die obige Moll=Tonleiter ist selbst schon eine versetzte, weil
nach der in voriger Lection §. 4. gegebenen Beschreibung die natür=
lichen

lichen Tonleitern, wie z. E. C dur, keine Verſetzungszeichen zulaſſen.
Die wahre **natürliche weiche Haupt- oder Stammleiter** iſt
die von A. weil ſie ſich gröſtentheils *) eben derſelben unverſetzten
natürlichen Töne bedient, aus denen die harte Tonleiter von C beſtehet. Man ſagt daher, daß beyde Tonleitern mit einander verwandt ſind. Es iſt aber keine Verwandſchaft in auf- oder obſtei-
gender Linie, zu welcher bloß die Qvinte und Qvarte eines ieden
Grundtons das nächſte Recht haben; ſondern eine Seitenverwand-
ſchaft, wie zwiſchen Mann und Frau, da jene hingegen Vater und
Sohn vorſtellen **) können.

§. 12.

Ueber die Verwandſchaft der Tonleitern wird in folgender Lection mehr vorkommen. Wenn aber hier nicht die eigentliche weiche
Stammleiter von a. ſondern die verſetzte von c zuerſt vorgelegt wird,
ſo iſt es wegen der natürlichen Lage ihrer Töne, da die in der A-Leiter
entweder zu tief oder zu hoch für den Sänger ſeyn möchten, geſchehen. Wenn der Anfänger die Eigenſchaften der weichen Tonleitern
nur einſehen lernt, ſo iſt es einerley, ob er es dem c, dem e, oder dem
a zu danken hat.

§. 13.

Da wir in der Lehre vom Tacte hören werden, daß alle unſere
verſchiedene Tactarten ſich auf die zwo Gattungen der **zwey- und**

H 3

drey-

---

*) Dieß Wort muß ich nun ſchon meiner Hypotheſe zu gefallen einſticken; woraus man
nebenbey ſehen kann, wie wenig Vortheil man von neuen Hypotheſen habe.
Denn die große Septime gis gehört weſentlich in meine weiche Tonleiter, und in c
dur iſt nur g einheimiſch. Aber was ſchadet das, da jene, die eine andere Tonleiter
annehmen, doch ſelbſt ſo viel Achtung vor die große Septime haben, daß ſie dieſel-
be nicht ganz davon ausſchließen. Freylich muß auch in ihrer Tonleiter die Qvinte eine
große Terz haben, ſonſt könnten ſie keinen richtigen Schluß in den Hauptton machen.

**) So eben werde ich gewahr, daß ich hier einem ſinnreichern Kopfe, als ich bin, ein
weitläuftiges Feld zu witzigen Anſpielungen und Vergleichungen gröſnet habe, wovon
man ein ſeltſames Beyſpiel in Mattheſons zweytem Theile des Orcheſtre S. 256.
ſehen kann.

dreytheiligen zurück führen laſſen, ſo will ich, um den Scholaren bey Zeiten darauf aufmerkſam zu machen, das nunmehrige Uebungsexempel der weichen Tonleiter dreytheilig entwerffen. Von
der zweytheiligen Tactart war das Uebungsexempel in voriger Lection. Man gebe nun auf den Unterſchied Achtung, der ſich in beyden leicht fühlen läßt; und um ihn richtiger zu bemerken, ſchlage man
auch hier den Tact mit der Hand dazu, und ſpreche unter den Noten die Zahlen *) eins, zwey, drey aus.

Nun eben dieſes Exempel, mit einiger Veränderung, einmal mit der
großen Sexte aufſteigend, und mit der kleinen Septime abſteigend:

Wenn

---

*) Es verſteht ſich, daß dabey das Benennen der Töne, wenn der Schüler darinne noch
nicht feſt iſt, nicht unterlaſſen werden muß. Eins mit dem andern abwechſelnd verbunden, iſt das, was ich meyne.

Wenn diese Tonleiter nur bis in die Sexte steigt, wie hier im zweyten Tacte, so muß es allzeit die kleine seyn, und die große kann nie ihre Stelle vertreten. Dagegen giebt es wiederum Fälle, wo absteigend die kleine Septime *) nicht gebraucht werden darf. Regeln, deren wir bey unserer Tonleiter entbehren können. Doch ganz ohne Schwierigkeiten geht es dabey auch nicht ab.

§. 14.

Ich könnte nun noch sagen, wie es im obigen Exempel um Thesin und Arsin, um die langen und kurzen Noten, stehe; wie nämlich die erste allemal lang, die dritte allemal kurz sey, die zweyte aber bald mit der ersten bald mit der dritten verbunden werde, und mit ihnen gleiches Schicksal habe; ich werde aber in künftigen Lectionen noch oft davon reden müssen, und verspare es also bis dahin. Genug vorizt, wenn man nur die Namen behält, und sich im Tactgeben darnach zu richten weiß, daß man die zweyte Note entweder durch ein mäßiges Aufheben der Hand, oder durch einen gelinden Niederschlag andeutet.

Vier=

*) Man sehe folgendes dreyfache Beyspiel an: das zweyte ist sicher das Beste; das dritte hat ein Privilegium; das erste taugt auf alle Fälle nichts.

Vierte Lection.

§. 1.

Jeder von den in voriger Lection aufgestellten natürlichen und versetzten Tönen kann seine eigene harte oder weiche diatonische Tonleiter *) haben, welche in Ansehung der Größe der Intervalle, und folglich der Lage der halben Töne, den beyden Tonleitern von c vollkommen gleich seyn müssen. Da nun aber unter allen ein und zwanzig Tönen der enharmonischen Tonleiter nur zwölf wirkliche, und auf alle Weise von einander unterschiedene, Töne zu finden sind, so sind auch nicht mehr als zwölf Tonleitern brauchbar oder nöthig; welche, da sie entweder hart oder weich seyn können, doppelt so viel, nemlich vier und zwanzig, Tonleitern oder Tonarten geben. Es werden zwar nicht aus allen denselben Stücke componirt; aber doch ist es nöthig, daß ein Sänger sie alle kenne, weil immer mehr als eine, und selbst die entferntesten, in der Durchführung eines Stücks, besonders in Recitativen, öfters vorkommen, und vorkommen müssen. Wenn man sich aber nur die Gestalt einer einzigen, der natürlichen Stammtonleiter, recht bekannt gemacht hat, so muß es weiter keine Schwürigkeit verursachen, alle andere, durch Hülfe der Versetzungszeichen, darnach zu bilden.

§. 2.

*) Nicht auch eine chromatische und enharmonische? Freylich wohl; aber es ist keine andere, als die wir schon gesehen haben. Eben dieselben Töne, nur in anderer Ordnung.

§. 2.

Aber auch hier muß ein Sänger selbst Hand anlegen, und die Tonleitern nicht auswendig, sondern selbst entwerfen lernen; wenigstens muß er sie auf keine andere Weise, als durch diese Uebung, ins Gedächtniß zu bringen suchen. Er nehme daher einen Ton der natürlichen Tonleiter nach dem andern zum ersten oder Grundtone an; setze die auf diesen folgende Töne nach der Reihe hinzu, bis die Octave voll ist; vergleiche sodann diese Reihe von Tönen mit der natürlichen Tonleiter, und wenn er findet, daß die Lage der halben Töne in jener anders ist als in dieser, so nehme er die Versetzungszeichen zu Hülfe, und erniedrige oder erhöhe damit einen oder mehrere Töne um einen halben, bis die neue Tonleiter der von c vollkommen ähnlich ist; und diese Uebung nehme er nicht allein mit den harten, sondern auch mit den weichen vor. Ich will die Sache durch ein Beyspiel erläutern, und hernach die Tonleitern, wie sie der Verwandschaft nach auf einander folgen, hersetzen.

§. 3.

Man sehe folgende drey Reihen von Tönen an :

Wenn man sie als Tonleitern betrachtet, und mit der von c dur vergleicht, oder nach der Regel, daß zwischen der dritten und vierten, zwischen der siebenten und achten Stufe halbe Töne, sonst aber in allen Stufen ganze Töne seyn müssen, so findet man bey No. 1. die beyden halben Töne zwischen der zweyten und dritten, sechsten und siebenden Stufe ; sie müssen also um eine Stufe weiter hinauf gebracht, d. i. das obere Ende des halben Tons muß durch ein x um einen halben Ton erhöht werden. Bey No. 2. findet sich der erste halbe Ton zwischen der vierten und fünften Stufe, wir müssen ihn also um eine Stufe weiter herab haben: dieß erhalten wir, wenn wir dem untern Ende des halben Tons ein b vorsetzen. Der zweyte

J

hal-

halbe Ton zwischen der siebenden und achten Stufe ist da. Bey
No. 3. giebt es am meisten zu thun. Wir finden sogleich zwischen
der ersten und andern Stufe einen halben Ton, wo ein ganzer seyn
soll; also müssen wir das obere Ende davon um einen halben hinauf
schieben. Nun aber haben wir den halben Ton zwischen der zweyten und dritten Stufe, es muß daher auch diese noch um einen halben Ton hinauf gebracht werden. Eben so sieht es auch mit dem
zweyten Tetrachorde von h zu e, bey No. 3. aus: es ist daher ein
gleiches Verfahren damit nothwendig. Obige *) Tonreihen werden nun als Tonleitern folgende Gestalt bekommen:

§. 4.

Die x und b, die zu einer Tonleiter gehören, und daher wesentliche Versetzungszeichen heißen, werden nicht immer ieder
Note, die durch sie erhöht oder erniedrigt werden muß, unmittelbar
vorgesetzt, sondern zusammengenommen, einem darnach componir-
ten Stücke auf der ersten Notenzeile vorgezeichnet, auch wohl, zum
Ueberfluße, auf ieder folgenden wiederholt. Eben dieß geschiehet
auch

---

*) Bey den Alten wurden diese Tonreihen als würkliche Tonleitern oder Tonarten ge-
braucht, wie denn viele Melodien unserer evangelischen Kirchenlieder zu diesen alten Tonarten gehören; worüber man Walthers Lexicon, in dem Artikel; Modus musicus
nachsehen kann. Sie wurden mit besondern von griechischen Völkern entlehnten Namen
belegt: So hieß unsere harte Tonleiter von c die ionische, die oben von No. 1. die
dorische, die von No. 2. die lydische, und die von No. 3. die phrygische Tonart.
Conrad Matthäi hat im Jahre 1652. einen Tractat de modis musicis drucken
lassen, den wohl niemand mehr liest. Unter den Namen der alten Tonarten leitet
er die mixolydische von einem Volke her, das er allein kennt, von den Mixolyd-
iern oder Misolndiern. Μιξολύδιος ist so viel als mixtus Lydius scil. modus, die vermischte lydische Tonart, und kömmt mit unserm g dur, wenn anstatt
fis f genommen wird, überein.

auch mit dem ♮, wenn die vorgezeichneten ♯ oder ♭ aufgehoben werden sollen. Z. E.

Die andern Versetzungszeichen, welche in dem Laufe des Stücks,
vermöge der Ausweichung in andere Tonarten, nothwendig werden,
nennt man zufällige Versetzungszeichen, und nur diese müssen
vor jeder Note so lange wiederholt werden, als man sich in der
neuen Tonart aufhält.

§. 5.

Ueber die Verwandschafft der Tonleitern oder Tonarten,
(denn beydes gilt für einerley), muß ich mich etwas ausführlicher erklären, ehe ich die Tonleitern selbst aufstelle. Eines jeden Tones nächste
Verwandte sind dessen *) Ober-und Unterqvinte. Die Unterqvinte
ist nichts anderes, als die Qvarte **) aufwärts gezählt. Dieß sind
die Verwandte in grader auf-und absteigender Linie, und zwar
im ersten Grade. Wenn man die folgenden Grade auch zu wissen
verlangt, so darf man nur den Hauptton zwischen die beyden ersten
Grade stellen, und so dann auf der einen Seite, für die aufsteigende
Linie, mit steigenden Qvinten, auf der andern aber, für die absteigende Linie, mit fallenden Qvinten oder steigenden Qvarten so lange fortfahren, bis man die Zahl der zwölf Tonarten voll hat. Unter gleichzahligen Graden, auf beyden Seiten, haben die von der aufsteigenden Linie vor denen von der absteigenden den Vorzug; daher

J 2

ist

---

*) Worauf sich dieser Lehrsatz gründe, will ich hier nicht weitläuftig anführen, weil es
für einen angehenden Sänger zu speculativ scheinen möchte, und für ihn schon genug
seyn kann, wenn er weiß, daß es so ist.

**) Fallende Qvinten, deren so oft im Folgenden Erwähnung geschieht, sind demnach
eben so viel als steigende Qvarten, und steigende Qvinten sind mit fallenden
Qvarten auch ein Ding; das beliebe man zu merken, weil man in den in Noten
vorgestellten Qvintenzirkeln der Tonarten eins für das andere gebrauchet finden wird.

ist g dem c näher verwandt, als f Folgendes Schema kann zur Erläuterung dessen dienen, was ich von der Verwandschaft der harten Tonleitern gesagt habe. C ist als Stammtonart zum Grunde genommen, und in die Mitte gestellt: die Grade der Verwandschaft mit den übrigen Tonarten sind durch Zahlen darüber angedeutet:

Fallende Qvinten.								Steigende Qvinten.				
5	4	3	2	1		1	2	3	4	5	6
des	as	es	b	f	C	g	d	a	e	h	fis

Man kann auf diese Weise die Verwandschaft einer ieden harten Tonart mit den übrigen von gleicher Gattung erfahren, wenn man den Grundton derselben in die Mitte stellt: Selbst in dem obigen Schemate kann man ieden Ton als den mittelsten ansehen, und von ihm an eben so die Grade zählen, wie sie hier von c an gezählt werden; nur muß man von der Seite, wo man der Qvinten zu viel hat, so viele wegnehmen, als auf der andern Seite fehlen, und sie hier zusetzen, damit man eine gleichere Zahl der Grade auf beyden Seiten behält.

§. 6.

Geht man von c aus in aufsteigenden Qvinten fort, so ist die zwölfte Qvinte wieder c, doch unter der Gestalt von his. Da man nun dadurch auf Tonarten geriethe, die man, vermöge der gleichschwebenden Temperatur, mit andern leichtern vereinigt hat, und die auch weniger Weitläuftigkeit im Schreiben erfodern, so nimmt man mit der siebenden Qvinte, welche cis seyn sollte, eine enharmonische Verwechslung vor, und verwandelt dieses cis, mit seinen sieben ten in des mit fünf ten. Von diesem des aus, kömmt man nun grade wieder auf c selbst zurück, wie man aus folgender Vorstellung sehen wird. Man nennt dieß einen Qvintenzirkel.

1	2	3	4	5	6	7	8	9	10	11	12
C	g	d	a	e	h	fis	cis	gis	dis	ais	eis	his
						des	as	es	b	f	c

§. 7.

Nach den beyden harten Tonarten, die einer dritten im ersten Grade verwandt sind, geht die Verwandschaft auf die Seitenlinie und

und in die weichen Tonarten über. Die nächstverwandte von diesen ist die Sexte, oder die kleine Unterterz einer harten Tonleiter.
Die Tonleiter von a moll ist demnach die nächstverwandte weiche
Tonart von c dur, und ebenfalls noch im ersten Grade; von vielen
Musikgelehrten wird sie sogar für näher gehalten, als die Tonart der
Qvarte. Die Sache ist von keinen Folgen, und also keines Streits
werth. Ehe wir diese Verwandschaft weiter untersuchen, müssen wir vorher die zwölf Molltonarten, wie sie auf einander
folgen, kennen lernen. Ich will sie sogleich durch ein ähnliches Schema vor Augen stellen; und man wird aus dem vorigen sich darein
zu finden gelernt haben.

	Fallende Qvinten.						Steigende Qvinten.				
	6	5	4	3	2	1	1	2	3	4	5
	es	b	f	c	g	d	A	e	h	fis	cis	gis

Will man die weichen Tonarten auch in einem Zirkel sehen, der
uns zuletzt auf a zurück führt, so betrachte man sie in folgenden steigenden Qvinten. Mit dis und es geschieht abermals eine enharmonische Verwechslung, oder ein Uebergang aus den ✠en in die ♭e.

	1	2	3	4	5	6	7	8	9	10	11	12
A	e	h	fis	cis	gis	dis						
				as	es	b	f	c	g	d	a

Aus eben dem Grunde, daß man es beqvemer haben kann, bricht
man bey dis mit den Kreutzen ab, und geht zu den ♭een über.
Denn wer wollte wohl in ais, eis, his, u. s. w. componiren, da es
mit b, f, und c, eben das, und weit leichter in der Ausübung ist.

§. 8.

Aber die Sexte ist gleichsam mit ihrer Aufnahme in die Verwandschaft der harten Tonleitern noch nicht zufrieden, sondern sie
zieht auch noch ihre beyden nächstverwandten weichen Tonarten mit
hinüber; diese aber erhalten nur den zweyten Grad, werden aber
doch selbst denen von der auf- und absteigenden Linie mit ihnen in

glei-

gleichem Grade stehenden Tonarten vorgezogen. Sie erlaubt dagegen, wenn sie die Haupttonart vorstellt, der ihr nächstverwandten Durtonart gleiches Recht, zieht auch sogar die, e ihren eigenen nähern Verwandten vor. Denn die erste und natürlichste Ausweichung einer Molltonart geschieht immer in die Durtonart ihrer kleinen Terz. z. E. a moll in c dur, e moll in g dur, d moll in f dur, u. s. f. Jedes musikalische Stück kann nun in diese verwandten Tonarten ausweichen; doch muß es sich in eben der Tonart endigen, in welcher es angefangen hat. In den musikalischen Lehrbüchern finden wir daher die Regel: Jede harte Tonart weicht in die Secunde, Terz, Qvarte, Qvinte und Sexte iede weiche Tonart aber in die Terz, Qvarte, Qvinte, Sexte; und Septime aus. Es ist ihnen damit nicht verboten andere und entferntere Tonarten, im Vorbeygehen, zu berühren; nur sich darinne aufhalten und Schlüsse machen dürfen sie nicht. Wenn nun ein Sänger auch Verstand und Einsicht von dem was er singt haben soll, so sieht man wohl ein, wie nöthig ihm die Kenntniß der Tonleitern oder Tonarten sey, und wie er sich bey iedem abzusingenden Stücke wenigstens auf fünf Tonleitern gefaßt machen müsse,

§. 9.

Ich will nun die **zwölf harten Tonleitern** nach der oben §. 5. vorgestellten Verwandschaft mit C hersetzen, die weichen Tonleitern aber noch bis zur künftigen Lection versparen. Die Versetzungszeichen stehen voran, und wenn der Schüler nicht weiß warum, so hat er das Vorige nicht verstanden. Cis mit seinen sieben xen habe ich weggelassen, weil das beqvemere des mit fünf ben seine Stelle vertritt. Von g bis an dieses cis oder des nimmt die Zahl der xe immer zu, und wenn man von des bis f in steigenden Qvinten fortgeht, die Zahl der be immer ab. Dieser Rang unter den Tonarten bestimmt auch die unter den xen und ben zu beobachtende Ordnung, wenn mehr als eins von ihnen vorgezeichnet werden soll; oder, mit andern Worten, sie folgen eben so Qvintenweise auf einander anber, wie die Tonarten selbst: erst fis, dann cis, gis, dis, ais, eis, his; erst b, dann es, as, des, ges, ces.

Tabelle
der Verwandschaft und Quintenfolge der harten Tonarten.

Fallende Quinten.   Steigende Quinten.

Den Quintenzirkel, wodurch man von c wieder nach c zurück kömmt, habe ich durch die innern Zahlen bemerkt; die äußern an beyden Seiten bezeichnen die Grade der Verwandschaft, und ihre Zahl kömmt mit der Anzahl der vorgezeichneten ☓e und be überein.

§. 10.

Alle diese Tonarten haben ein unterscheidendes Kennzeichen unter sich gemein; eine gewisse charakteristische Note, die auf einer

ner

ner Seite, in aufsteigender Linie, durch ein x mehr, und auf der andern, in der absteigenden Linie, durch ein ♭ weniger *) hervorgebracht
wird. Dieses hinzugesetzte x, dieses weggelassene ♭, trift immer auf
die Septime der Tonart, welche sodann mit der Octave einen halben Ton ausmacht, daher man sie auch das Semitonium modi
nennt. Man kann aus diesem Semitonio modi so gleich wissen,
in welcher Tonart man sich befindet. Dem zu Folge ist fis die characteristische Note oder das Semitonium modi von g, cis ist es von
d, gis von a, dis von e, c von des, g von as, d von es, u. s. w.
und dieß sowohl in den Moll-als Durtonarten.

§. 11.

Was in dieser Lection über die Ausweichung und die Verwandschaft der Tonarten, ingleichen über das Semitonium modi gesagt
worden, habe ich durch folgendes Uebungsexempel erläutern wollen.
Es enthält in der Fortschreitung nichts als Secunden, oder ganze
und halbe Töne, weil wir noch von keinen andern Intervallen umständlich geredet haben; drey in die Molltonleitern gehörige übermäßige Secunden kommen auch, der Uebung wegen, mit vor. In Ansehung der Modulation fängt es in c dur an, wendet sich bey α) in
die Qvinte g, bey β) in die Sexte a, bey γ) in die Secunde d, bey
δ) in die Terz e, bey ε) in die Qvarte f, und schließt sodann wieder in die Tonart, in welcher es anfieng, in c dur. Daß die Sexte,
Secunde und Terz Molltonarten, die Qvinte und Qvarte hingegen
Durtonarten sind, und seyn müssen, wird man sich aus §. 8. erinnern. Ich habe, um die Wendungen der Harmonie fühlbarer zu
machen, dieß Exempel mit einem bezifferten Basse unterstützt, welcher auf einem Positive, Clavizimbel, oder allenfalls auch nur auf
einem

---

*) Man muß dieß von der absteigenden Linie aufwärts verstehen, so wie die Tonlei-
tern in dem fortgesetzten Qvintenzirkel auf einander folgen. Wollte man sie abwärts
nehmen, so müßte es heissen: durch ein ♭ mehr, und dieß ♭ trift auf die Qvarte
der Tonart. Es machen daher einige Tonlehrer diese Qvarte zur characteristischen
Note der Tonart, die mit ♭ bezeichnet werden.

einem Violoncelle oder einer Violine mitgespielt werden kann.   Die
Semitonia modorum kommen alle in der Oberstimme vor. Man sin=
ge nun dieß Exempel bald mit den Buchstaben, bald mit dem auf das
Tactgewicht sich beziehenden eins, zwey; und um sich mit meh=
rern Tonarten bekannt zu machen, übersetze man es auf einem Pa=
piere, oder auf einer Tafel, noch in drey bis vier andere von ihnen.
In den mit ♯en bezeichneten Tonarten verwandeln sich die ♭e in ♮,
in denen mit ♭ bezeichneten aber die ♯e in ♮, und die ♮ in be.

§. 12.

§. 12.

Die über einigen Noten stehende einfache und doppelte Striche bemerken die Stellen, wo der Sänger am bequemsten, und ohne dem Zusammenhange des Gesanges Schaden zu thun, Athem holen kann. Die gute Singart erfodert, daß ein Ton so genau und so sanft an den andern anschließe, daß nicht der geringste Absatz zwischen ihnen zu bemerken sey, und alle nur ein einziger langgedehnter Hauch zu seyn scheinen *). Da es nun aber nicht möglich ist, einen ganzen Gesang in einem einzigen Athem zu vollenden, gleichwohl aber durch das Athemholen zur Unzeit der Gesang sehr verunstaltet werden kann, wie er es denn auch öfters in dem Munde gar vieler Sänger wird: so fällt die Nothwendigkeit einer Belehrung über diesen Punct in die Augen.

§. 13.

In der Einleitung ist schon gesagt worden, daß der sich mit Singen nicht abgeben müsse, der nicht zween Töne in einem Athem singen kann, und bey dem eine kranke Brust an diesem Unvermögen Schuld ist. Sollte es aber blos Unwissenheit und Verschwendung des Athems seyn, wie sich denn bey allen Anfängern etwas dergleichen äußern wird: so lasse man sich Folgendes zur Regel dienen.

§. 14.

Ein Sänger muß sich gewöhnen in einem unmerklichen Augenblicke Athem zu schöpfen; aber er muß ihn nicht eben so hastig wieder von sich stoßen, sondern ganz sparsam nach und nach heraus lassen. Dieß wird ihm am ersten gelingen, wenn er nur mit schwacher Stimme singt, oder auf einem Tone lange aushält. Er übe sich auf diese Art so lange, bis er mit starker und voller Stimme eben so viel zu leisten vermag, als mit der schwachen. Das messa di voce, wie es die Italiäner nennen, ist dazu ebenfalls eine sehr gute Uebung.

Es

---

*) Das ist das Vornehmste von dem, was die Italiäner portamento di voce, das Tragen der Stimme nennen.

Es ist dieß ein lang ausgehaltener Ton, der ganz schwach angefangen, nach und nach bis zur äußersten Stärcke getrieben, und so auch wieder, nach und nach abnehmend, bis zu dem ersten Grade der Schwäche zurück geführt wird. Es gehört zwar zu den Auszierungen des Gesanges; aber es will eben so wohl, als das Trillo, bey Zeiten in Uebung *) gebracht seyn.

§. 15.

Nächst dem muß ein Sänger auch nie die Brust allzu leer von Athem werden lassen. Ich mag nie für allen Schaden stehen, wenn man sich in diesem Stücke Gewalt anthut. Es hieße seine Kräfte übertreiben, und dann ist hier, so wie in allen Arten von Uebernehmungen, Nachtheil zu besorgen. Ein den Kräften angemessenes Singen, mit einer gemäßigten und vorsichtigen Bemühung dieselben zu vermehren, ist so wenig der Gesundheit nachtheilig, daß ich es vielmehr für ein zuverläßiges Mittel halte, gewisse Arten von Engbrüstigkeit zu heben.

§. 16.

Man muß also oft Athem holen, und, wenn man will, so oft als Gelegenheit dazu vorhanden ist; wenigstens lasse man sie nie unachtsam vorbey, damit man nicht genöthigt werde, den Gesang da zu zerreissen, wo er zusammen hängen solte. Aber welches sind die Gelegenheiten zum Athemholen? Daß es bey ieder kürzern oder längern Pause geschehen könne, versteht sich von selbst, weil sie Zeichen des Stillschweigens sind. Wenn nun aber keine Pausen da sind, wie in obigem Exempel? Dann muß man auf die Einschnitte oder kleinen Ruhepuncte der Melodie Achtung geben. Diese lassen sich durch keine Anzahl der Noten allgemein bestimmen; das Gehör allein thut

K 2 dar-

---

*) Man hat bey diesem messa di voce, so wie bey allen Haltungen auf einem Tone, zu verhüten, daß der Ton nicht zittere, oder sich aufwärts oder abwärts ziehe. Ein Trillo, in welches einige übelberichtete Sänger alle Haltungen verwandeln, gehört hieher auch nicht.

darüber den Außspruch: Da wo eine musikalische Proposition aus ist,
sie endige sich nun durch einen Punct, d. i. durch einen vollkommnen
Schluß, oder durch ein Colon oder Semicolon, d. i. durch einen unvollkommnen *) Schluß, da ist ein Einschnitt, und da kann der Sänger Athem holen.   Solcher Einschnitte sind in obigem Exempel
fünf, und man findet sie mit zween Strichen bezeichnet.

§. 17.

Aber auch diese können, besonders in langsamer Bewegung, zu
lang seyn, um in einem Athem vorgetragen zu werden; Nun dann
merke sich der Sänger, daß einer ieden Note, die auf einen langen
Tacttheil fällt, etwas von hinten abgebrochen, und unterdeß Athem
geholt werden könne, wenn nicht Nebenumstände, als z. E. ein Punct
hinter dieser Note **), eine durch einen Bogen angedeutete Bin-
dung an die darauf folgende Note, oder eine anschlagende Dissonanz,
die in der folgenden Note aufgelößt wird, solches verhindern; wiewohl hier das Athemholen nach der kurz angeschlagenen gebundenen
oder auflösenden Note noch immer Statt findet.   In obigem Exempel sind diese langen Tactnoten mit einem einfachen Striche bemerkt,
und die Einschnitte die hier der Sänger macht, um Athem zu schöpfen, sind mit den Commaten zu vergleichen, die der Leser bisweilen
eben so nöthig hat, als der Sänger.   Ueber diesen sehr wichtigen
Punct beym Singen sollen hin und wieder noch einige speciellere
Anmerkungen gemacht werden.

*) Weiter unten, im §. 7. der 10ten Lection, werde ich mich ausführlicher darüber er-
klären.

**) Daß in diesem Falle das Athemholen bisweilen erlaubt sey, und wie es damit an-
zustellen, wird man bey Gelegenheit des Uebungsexempels der 8ten Lection erfahren.

Fünfte Lection.

§. 1.

Jeder Ton der natürlichen Tonleiter kann seine eigene harte oder weiche Tonleiter haben. So fieng sich der erste Paragraph in voriger Lection an, und man lese ihn ietzt noch einmal nach. Man erinnere sich zugleich alles dessen, was über die Verwandschaft und den Zusammenhang der Tonleitern, über die characteristische Note und das Semitonium modi ist gesagt worden: denn alles was dort von den harten Tonleitern galt, das gilt auch hier von den weichen; und was von den weichen dort vorgekommen ist, gehört eigentlich hieher, und blos der Zusammenhang der Materie schien zu erfodern, daß es dort mit vorgetragen würde.

§. 2.

Ich lege nun die **Molltonleitern** nach ihrer Verwandschaft unter einander vor, und nehme zur ersten oder **Stammleiter** die von A, weil sie die nächstverwandte von der harten Stammleiter C ist, auch sich zu ihren Stufen eben derselben Töne bedient, wenn man davon nur die große Septime oder das Semitonium modi, nämlich gis, ausnimmt. Denn in folgender Reihe a h c d e f g a, finden

den

den sich alle Töne, aus denen die Tonleiter von c dur bestand *),
und wenn man sie mit der in der dritten Lection vorgestellten Tonlei=
ter von c moll vergleicht, so sind ihre Stufen jenen völlig gleich, bis
auf die siebende und achte, welche dort einen halben, hier aber
einen ganzen Ton unter sich betragen.   Mit dem a können wir, um
den benöthigten halben Ton hervor zu bringen, keine Erniedrigung
vornehmen, weil wir dadurch die reine Octave zu dem ersten a ver=
löhren; wir müssen daher das g durch ein x in gis verwandeln.
Dieses gis wird alsdann, als das Semitonium modi, das Unterschei=
dungszeichen der A moll=Leiter von der C dur=Leiter, und die Aehn=
lichkeit zwischen den beyden Leitern A moll und C moll ist nun voll=
kommen hergestellt.   Die drey halben Töne finden sich zwischen der
zweyten und dritten, fünften und sechsten, siebenden und achten
Stufe, und die in Posseß gesetzte übermäßige Secunde hat ihre
Stelle zwischen der sechsten und siebenden Stufe.

§. 3.

Diese Aehnlichkeit nun muß sich zwischen allen weichen Tonlei=
tern finden, und der Sänger wird wohl thun, wenn er, nach der
davon gegebenen Beschreibung, einige selbst zu entwerfen sucht, ehe
er sie hier flüchtig durchsieht.   Die beygesetzten Zahlen deuten eben
das an, was sie bey den harten Tonleitern in der vorigen Lection
andeuteten: die äußern nämlich die Grade der Verwandschaft, die
innern aber den Quintenzirkel, der auf a moll zurück führt.   Auf
gis moll sollte dis moll folgen; es ist aber hier in es moll verwandelt,
und zugleich geschieht damit der Uebergang aus den xen in die be.
Doch kömmt dis moll eben so oft im Gange der Modulation vor, als
es moll.   Man kann zur Uebung diese und noch mehrere unter an=
dern Namen schon vorhandene Tonleitern für sich selbst entwerfen;
nur muß man wissen, daß, wenn man mit x oder b schon bezeichnete
Töne noch um einen halben Ton erhöhen oder erniedrigen soll, man

*) Ein paar einander so ähnliche harte und weiche Tonleitern werden daher auch Pa=
ralelltonarten genannt; man kann sie sogleich an einerley Vorzeichnung erkennen.

zu denen in der dritten Lection §. 3. beschriebenen Doppelzeichen, zu
dem einfachen × *) und großem b seine Zuflucht nehmen müsse. Die
Töne bekommen alsdann auch einen verdoppelten Namen: fis wird
fisfis, cis wird ciscis genannt, und beyde kommen in der Ausübung
mit g und d überein. Eben so macht man durch das große b aus
fes, fesfes, aus ces, cesces, und beyde werden mit es und b gleichlautend ausgeübt.

§. 4.

Nun zur Sache! hier sind die zwölf weichen Tonleitern.
Von ihrer Verwandschaft mit den harten Tonleitern soll unten bey
Gelegenheit des Uebungsexempels noch etwas vorkommen.

Fallende Quinten.   Steigende Quinten.

§. 5.

*) In der Tonleiter von gis moll hat man ein Beyspiel. Das Semitonium modi
zu gis kann nicht fis heissen, weil fis gegen gis einen ganzen Ton ausmacht; auch
nicht

§. 5.

Wenn aus dem bisherigen der Sänger die Noten von der Seite als Tonzeichen, wodurch die Verschiedenheit der Höhe und Tiefe angedeutet wird, kennen gelernt hat, so möchte es nun wohl Zeit seyn, ihm dieselben auch von der andern Seite, wo sie für ieden Ton ein längeres oder kürzeres Zeitmaaß bestimmen, bekannt zu machen. Den ersten Punct entschied blos die Stelle, die sie auf dem Notenplane einnahmen; der zweyte hingegen wird von ihrer verschiedenen Gestalt entschieden. Von holen und gefüllten Köpfen, oder von weißen und schwarzen Noten, ist in der ersten Lection schon etwas gesagt worden. Ihr verschiedenes Verhältniß gegen einander in Ansehung des Zeitmaaßes ist eigentlich das, was man ihren Werth oder ihre Geltung nennt, und die ganze Lehre vom Tacte gründet sich auf dieses Verhältniß.

§. 6.

Zuförderst mache man sich die Namen bekannt. Ein holer Kopf ohne Strich α) heißt eine ganze Tactnote; wenn ein Strich β) daran ist, (auf = oder abwärts gekehrt gilt gleich) so nennt man es eine halbe Tactnote; ein gefüllter etwas kleinerer γ) Kopf, mit einem Striche, heißt ein Viertel; wenn an dem Striche noch ein δ) Haken steht, so ist es ein Achtel; wenn zween Haken ε) daran sind, so hat man ein Sechzehntel, und drey Haken ζ)

geben

---

nicht g, weil es ganz anders geschrieben wird, und g gar nicht in diese Tonleiter gehört. Es ist ein zweymal erhöhetes f, es muß daher auch billig den erhöheten Namen zweymal führen, und fisfis heissen. Das mögen die fein überlegen, die außer cis, dis, fis und gis von keiner andern Benennung wissen, und lieber sich mit verworrenen Begriffen behelfen, als eine kleine Anzahl Namen behalten wollen, wodurch alles deutlich und bestimmt wird, und die der Natur der Sache so angemessen sind. Werden diese Herren etwan das Intervall der übermäßigen Secunde e - fisfis als eine kleine Terz singen wollen? Auf ihren Clavieren können sie es vielleiche dafür ansehen; aber kann oder darf das auch der Sänger? Es würde ihm im Treffen keine Mühe machen, wenn man ihm sagen könnte, daß beyde Intervalle einerley wären.

geben ein **Zwey=und dreyßigtheil.** Man betrachte folgen=
de Figuren:

§. 7.

Wenn zwey, drey, vier und mehr mit Haken versehene Noten
auf eine Sylbe gesungen werden sollen, so schreibt man sie nicht ein=
zeln hin, sondern man bindet sie durch einen oder mehrere fortlau=
fende Striche zusammen. Z. E.

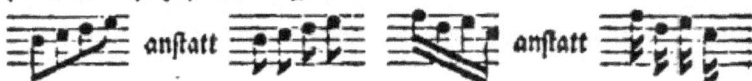

In Noten, die keinen Haken haben, und folglich keinen Ober=
strich zulassen, deutet man dieß Zusammennehmen mehrerer Noten
vermittelst eines **Bogens,** über oder unter denselben, an. Z. E.

Ehemals war es auch gebräuchlich halbe Tactnoten, wie bey α
zusammen zu binden. Die Noten verlohren dadurch die Hälfte ih=
res Werths, und wurden zu Vierteln. Man wird noch in alten ge=
schriebenen und in Kupfer gestochenen Musikalien dergleichen antref=
fen, und dann ist es gut, zu wissen, was es vorstellen soll. Heut zu
Tage bedient man sich dieser Art zu schreiben nicht mehr, und das ist
ohne Zweifel noch besser.

§. 8.

Nachdem man nun die verschiedenen Figuren gesehen hat, so lerne
man auch den **Werth** kennen, den sie gegen einander haben. Die

L   Na=

Namen ganz, halb, Viertel, Achtel u. s. w. geben davon schon
einen Begriff, welchen man Anfängern sinnlich zu machen pflegt,
wenn man ihnen das Bild eines Apfels, den man zerschneidet, vorstellt. Man kann diesen Apfel in zwo Hälften, iede Hälfte wieder in zwey Viertel, oder den ganzen Apfel in vier Viertel, iedes
Viertel wieder in zwey Achtel, oder den ganzen Apfel in acht Achtel u. s. w. zerschneiden. Eben dieß kann man in Ansehung
des Zeitraums, mit gewissen Bewegungen der Hand oder
des Fußes thun. Das so genannte Tactschlagen ist daher nichts
anderes, als die richtige Abtheilung eines gegebenen Zeitmaaßes in
verschiedene kleinere Theile. Einige Tactführer nehmen zu dem Ende einen zusammengerollten Bogen Papier in die Hand, um das Zeichen der Tactbewegung sichtbarer zu machen, und das ist so übel nicht;
wenn man aber in französischen Orchestern gar einen hölzernen Stock
nimmt, um sich bey iedem Tactstriche damit hören zu lassen, so ist
das nicht die beste *) Art, und Rousseau hat nicht Unrecht, wenn
er im Dictionnaire de musique in den Artikeln: baton de mesure
und battre la mesure, darüber spottet. Daß ein Singschüler ange-
halten werden müsse, sich die Bewegung des Tacts mit der Hand
oder mit dem Fuße, doch ohne Geräusch und Poltern, so lange zu
marquiren, bis er seinem Gefühle trauen kann, wird ein ieder leicht
für nothwendig erkennen. Wie es aber auf die beste Art geschehen möge, das ist bey verschiedenen Gelegenheiten in diesem Buche schon gezeigt worden, und soll auch künftig nicht aus der Acht gelassen werden.

§. 9.

Nach dieser kleinen Ausschweifung komme ich nun auf den Werth
der Noten zurück. Wenn man das, was oben von einem Apfel gesagt

---

*) Zumal wenn das wahr ist, was Rousseau an einem der oben angezeigten Orte sagt:
„Die Oper zu Paris ist das einzige Theater in Europa, wo man den Tact schlägt,
„ohne ihn zu beobachten; an allen andern Orten beobachtet man ihn, ohne ihn zu
„schlagen.„

sagt ward, auf diese anwendet, so wird man sogleich einsehen, daß eine ganze Tactnote den Werth von zwo halben, iede halbe, den Werth von zwey Vierteln, iedes Viertel den Werth von zwey Achteln, iedes Achtel den Werth von zwey Sechzehnteln u. s. w. haben müsse. Dieß ist das Verhältniß unter den zunächst auf einander folgenden Gattungen der Noten, wornach sich nun das Verhältniß unter entferntern Gattungen leicht bestimmen läßt; als wenn z. E. gefragt wird: Wie viel Sechzehntel gehören zu einem halben Tacte? Wie viel Achtel zu einem ganzen? In beyden Fällen acht. Folgende Tabelle wird darüber die beste Erläuterung geben.

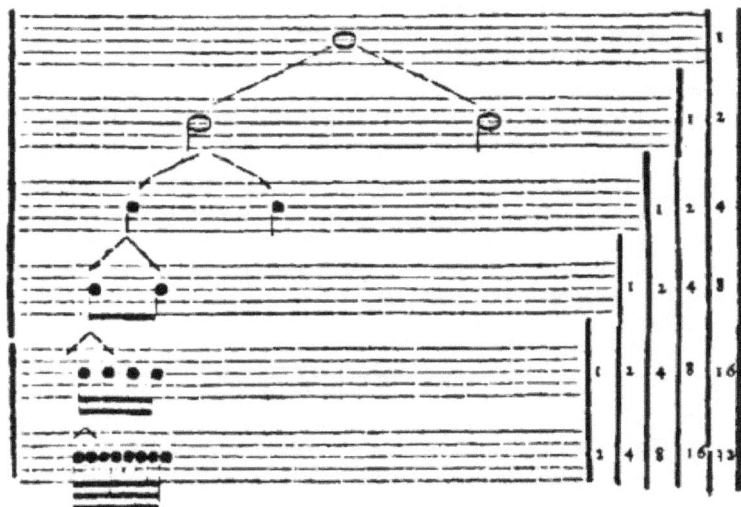

§. 10.

Die kleinere Gattung der Vier-und sechzig Theile, welche mit vier Haken oder Queerstrichen geschrieben wird, habe ich des Raums wegen nicht mit beygefügt. Ihr Werth gegen Zwey-und dreyßig-

theile

theile ist ebenfalls wie 1 zu 2; gegen die gröbern Gattungen, läßt sich derselbe leicht finden, wenn man in obiger Zahlentabelle den fünf Reihen die Zahlen 4, 8, 16, 32, 64, unten beyfügt. In dieser Tabelle kann man auf einen Blick den Werth aller Noten gegen einander übersehen. Man darf nur von der Zahl 1 an, die der Note gegen übersteht, deren Werth man wissen will, zwischen denselben Linien herab steigen, so erfährt man z. E. daß ein halber Tact 2 Viertel, 4 Achtel, 8 Sechzehntel, 16 Zwey- und dreyßigtheile und 32 Vier und sechzigtheile in sich begreift. Die umgekehrte Frage, z. E. Wie viel enthalten acht Sechzehntel Viertel? muß in der Tabelle aufsteigend gesucht werden.

§. 11.

Es trägt sich bisweilen zu, daß im Schreiben eine oder die andere dieser Noten in zwey kleinere getheilt, und ein ganzer Tact mit zween halben, ein halber mit zwey Vierteln, ein Viertel mit zwey Achteln u. s. w. geschrieben werden muß; am öftersten geschieht das, wenn in die Mitte einer solchen Note ein Tactstrich gesetzt werden soll. Da nun aber gleichwohl zwo solche Noten nicht als zwey sondern als eine gesungen werden sollen, so bindet man sie vermittelst eines darüber oder darunter gesetzten Bogens zusammen. Z. E.

Die beyden halben Tacte gelten hier für einen ganzen, die zwey Viertel für einen halben Tact, und die beyden Achtel für ein Viertel. Anstatt der beyden halben Tacte bedient man sich auch der bey α gezeigten Art im Schreiben, und zieht den Tactstrich durch den Kopf einer ganzen Tactnote mitten durch *).

§. 12.

*) Ein gewisser Notenschreiber verrieth seine Unwissenheit, der, da er das Stabat mater des Pergolesi in Stimmen ausschreiben mußte die durchstrichenen ganzen Tactnoten in den beyden Allabreveſätzen grade für nichts ansahe, und sie alle ausließ.

§. 12.

In der Einleitung §. 2. ist gesagt worden, daß, sobald der Werth
der Noten werde erklärt seyn, die Lehre vom Tacte meine Hauptsache werden solle. Man muß dieß vornehmlich von den Uebungen
verstehen, und von nun an wenigstens keine geringere Aufmerksam-
samkeit auf die richtige Eintheilung der Noten und den tactmäßigen
Gesang wenden: denn in Ansehung der Lehren sind noch eben so
wichtige, blos aufs Treffen sich beziehende, zurück. Die Lehre der
Intervalle muß noch vollständiger abgehandelt werden, und dieß
soll in folgenden Lectionen geschehen. Ich will auch diese in ieder
Lection immer noch voran schicken, und das, was zur Erklärung des
Tacts nöthig seyn wird, darauf folgen lassen: so daß man nun in
ieder Lection auf zweyerley Achtung zu geben hat, auf **Ton** und
Bewegung, oder auf **Treffen** und **Tact.**

§. 13.

Die Uebungsexempel werden diese doppelte Aufmerksamkeit erfodern, und, so wie bisher, genau nach den Lehren eingerichtet seyn,
die in ieder Lection vorgetragen worden. Ueber das itzt folgende will
ich noch einige Erläuterungen voran schicken. Es fängt in der natürlichen weichen Tonart von A an, und endigt sich in derselben. Der in
voriger Lection §. 6. 7. beschriebenen Verwandschaft gemäß, weicht
es bey α zuerst in die kleine Terz c aus, und diese Ausweichung wird in
der freyen*) Schreibart der Ausweichung in die Qvinte vorgezogen;
in Fugen aber, auch in einigen französischen Liedern und Tanzstücken
hat die Qvinte den Vorzug vor der Terz. Weiter hin geschieht bey β
die Ausweichung dieses Exempels in die Qvinte e. Es wendet sich
darauf bey γ in die Qvarte d, bey δ in die Sexte f, bey ε in die
Septime g, und sodann wider zurück nach A. Die Qvarte und

F 3 Qvin-

---

*) Die freye Schreibart wird der gebundenen entgegen gesetzt, und so genannt, we-
gen der Freyheiten, die sie sich gegen die Regeln der Harmonie erlaubt, da hingegen iene
diese Regeln streng beobachten muß, und nirgends mehr als in Canones und Fugen.

Qvinte sind, so wie der Hauptton, Molltonarten; die Terz aber
mit ihrer Qvarte und Qvinte, die gegen den Hauptton die Sexte
und Septime vorstellen, sind Durtonarten. Außerdem findet sich
in diesem Exempel zwischen der Modulation von der Qvarte zur
Sexte noch eine Wendung in die Terz, weil man es in den musikalischen Stücken öfters so finden wird; indem man nicht von einer
Tonart zur andern so fort zu irren pflegt, sondern zwischen denselben
auf die Haupttonart, oder eine ihr näher verwandte, öfters zurück
kommen muß, damit das Gehör diese nicht endlich gar verliere. Doch
diese Regel geht mehr den Componisten, als den Sänger an.

§. 14.

In Ansehung der Eintheilung der Noten, sind nur zwo nähere
Gattungen vermischt gebraucht worden, die sich gegen einander ver-
halten wie 1 zu 2, oder wo eine Note zwo andere gilt. Um sich mit
dieser Eintheilung noch in mehrern Gattungen zu üben, zumal wenn
man etwas geschwinder singen will, kann man in diesem Exempel die
ganzen Tactnoten zu halben, die halben aber zu Vierteln machen;
oder es in noch kleinere Noten in Viertel oder Achtel übersetzen. Ich
werde davon ein Beyspiel geben, auch dazu andere Tonarten wählen; welche Uebung nicht allein nützlich, sondern selbst nöthig ist.
Mit der Eintheilung der Noten muß man die Tacteintheilung nicht
vermengen; diese gründet sich zwar auf jene, ist aber mit derselben
nicht völlig einerley. Sie ist sehr verschieden in ihren Arten; da-
hingegen der Werth der Noten immer derselbe bleibt. Die verschiedenen Tactarten sollen in den künftigen Lectionen nach und nach erklärt, und in Uebung gebracht werden. Für das folgende Exempel
ist es genug, wenn man weiß, daß ieder Tact, so wie er zwischen
zween Strichen eingeschloßen ist, als zweytheilig angesehen, und auch
so mit der Hand bemerkt werden kann. In dem ersten Exempel ist
in einer ganzen Tactnote Auf- und Niederschlag beysammen; im
zweyten müssen zwey Viertel auf einen Tacttheil gerechnet werden;

so auch im dritten, wo ieder Tacttheil selbst nur ein Viertel ist, und
sodann durch zwey Achtel vorgestellt werden kann. Die grössern und
kleinern Ruhepuncte, wo der Sänger die Noten absetzen und Athem
holen kann, sind das erstemal abermals mit einfachen und doppelten
kleinen Strichen über den Noten bemerkt.

In kleinern Noten, einen Ton höher versetzt.

In noch kleinern Noten, einen Ton tiefer.

§. 15.

Wegen des Zusammenbindens zwoer Noten vermittelst eines
Bogens, wovon §. 11. geredet ward, muß ich hier noch erinnern,
daß es nicht allein mit zwo gleichgeltenden Noten, sondern auch mit
ungleichen, mit einer längern und kürzern geschehen könne. Man
findet in obigen Exempeln Beyspiele davon. Doch muß die lange
Note immer vor der kurzen voraus gehen; umgekehrt werden diese
Bindungen bey verständigen Componisten nicht leicht gefunden. Die
auf diese Weise mit einer längern Note verbundene kurze Note darf
eben so wenig besonders angeschlagen werden, als in dem §. 11. beschriebenen Falle; sondern die vorstehende lange Note wird um soviel, als die kurze Note gilt, länger ausgehalten. Es ist nicht nö-

M

thig,

thig, die Sache iezt weiter durch Beyspiele zu erläutern, da deren
künftig noch genug vorkommen werden.

§. 16.

Die Art des Absetzens, bey Einschnitten, wo keine Pausen stehen, recht zu begreifen, merke man, daß eine dazu bequeme Note
nur in der Hälfte des Werths vorgetragen, und die andere Hälfte
in eine Pause verwandelt werden muß, welche sodann zum Athemholen angewandt wird. Die Pausen soll der Sänger zwar erst in folgender Lection kennen lernen; das hindert aber nicht, ihm hier durch
ein Beyspiel zu zeigen, wie er bey obigem Uebungsexempel zu verfahren hat:

Die Anwendung auf ähnliche Tactarten in kleinern Noten läßt
sich leicht machen.

Sechste Lection.

§. 1.

Bisher haben wir uns blos mit der stufenweisen Fortschreitung
der Melodie durch große, kleine und übermäßige Secunden
bekannt gemacht, und, wie ich hoffe, sattsam geübt; nun müssen wir
auch die übrigen Intervalle, die unter dem Namen der Sprünge
begriffen werden, etwas näher kennen, und in Ausübung bringen
lernen.

lernen. Der meiften von ihnen ift hin und wieder fchon gedacht
worden. Die Namen Terz, Qvarte, Qvinte, Sexte, Septime,
Octave können keine unbekannte Namen mehr feyn; es kömmt alfo
nur darauf noch an, ihre Eigenfchaften und verfchiedene Gestalten
zu kennen, und das Verzeichniß derfelben mit den noch fehlenden
vollends ganz zu machen. Das letzte wollen wir zuerft vornehmen.

§. 2.

Nicht allein in der Lehre der Harmonie wird von Nonen, Decimen, Undecimen u. f. w. geredet; fondern auch in der Melodie werden dem Sänger öfters Sprünge vorkommen, die um mehr als eine
Octave von einander entfernt find. Sie können zwar alle auf ihre
Octaven herab gefetzt werden, und der Sänger muß es im Anfange,
um fie mit Sicherheit anzugeben, immer auch thun, wie ihm bey
Gelegenheit foll gezeigt werden; man erfährt aber auch dadurch,
daß fie eigentlich keine neuen Intervalle, fondern nur erhöhte
Octaven von fchon bekannten Intervallen find. So erhalten wir
durch die um eine Octave erhöhte Secunde eine None, durch die
Terz unter ähnlichen Umftänden eine Decime, durch die Qvarte
eine Undecime, durch die Qvinte eine Duodecime, und durch
die Sext eine Terzdecime.

§. 3.

In folgender Tabelle kann man alle in der diatonifchen Leiter von
c dur enthaltene Intervalle mit einem Blicke überfehen. Die erfte
den Noten gleichlaufende Reihe von Zahlen ftellt alle Noten als Intervalle gegen die Prime c vor, die zweyte Reihe thut eben das gegen d, die dritte gegen e, u. f. f. Will man von d, e und den folgenden Tönen die Intervalle fo haben, wie fie in ihren eigenthüm-
lichen Tonleitern erfcheinen, fo darf man fich bey den Noten nur die
Verfetzungszeichen hinzu denken, und am Ende noch einen oder etliche Töne beyfügen, wenn man die Lifte der Intervalle eben fo groß
verlangt, als fie hier von c dur erfcheint. Würde des Schreibens
nicht zu viel, fo riethe ich, für iede verfetzte Tonleiter eine

ähn-

ähnliche Tabelle zu entwerfen: aber eine Sache recht zu wissen, läßt man sich auch keine Mühe dauern.

1	2	3	4	5	6	7	8	9	10	11	12	13
	1	2	3	4	5	6	7	8	9	10	11	12
		1	2	3	4	5	6	7	8	9	10	11
			1	2	3	4	5	6	7	8	9	10
				1	2	3	4	5	6	7	8	9
					1	2	3	4	5	6	7	8
						1	2	3	4	5	6	7

§. 4.

Man muß sich bey den Ziffern stets die Namen der Intervalle denken, um sich dieselben geläufig zu machen: 1 Prime, 2 Secunde, 3 Terz, 4 Quarte, 5 Quinte, 6 Serte, 7 Septime, 8 Octave, 9 None, 10 Decime, 11 Undecime, 12 Duodecime, 13 Terzdecime *). Mit der siebenden Reihe der Ziffern habe ich abgebrochen, weil die achte Reihe nichts neues, sondern blos die Intervalle der ersten in eben der Gestalt, nur um eine Octave höher, dargestellt haben würde. Wir hätten unter dem Namen der Prime, Secunde, Terz u. s. f. nichts weiter erhalten, als was wir unter dem Namen der Octave, None, Decime u. s. f. schon haben. Diese Aehnlichkeit unter verschiedenen Intervallen bringt eine Eintheilung derselben in einfache und doppelte hervor. Von der Prime bis zur Septime gehen die einfachen, und von der Octave bis zur Terzdecime die doppelten.

§. 5.

Wenn der Sänger alle Intervalle, in den verschiedenen Tonleitern, nach der vorgelegten Tabelle, vermittelst der Benennung mit Buchstaben sich ins Gedächtniß bringen solte, so würde das wohl

eine

---

*) Daß diese Namen alle aus der latinischen Sprache sind, und nicht viel Donatgelehrsamkeit erfodern, um verstanden zu werden, ist oben schon erinnert worden.

eine ziemlich ſchwere Aufgabe für ihn ſeyn: beſſer iſt es, wenn er
ſich übt, ſie ſogleich auf dem Notenplane mit den Augen zu meſſen,
und ſich die Sache durch folgende Anmerkungen erleichtert. Alle Terzen, Quinten, Septimen, Nonen, Undecimen und Terzdecimen haben
gegen ihre Primen einen **gleichförmigen Stand**; das iſt: wenn
die Prime, oder das untere Ende des Intervalls, (in welchem Verſtande ich hier das Wort Prime nehme) auf einer Linie ſteht, ſo muß
das obere Ende auch auf einer Linie ſtehen; findet man aber das
untere Ende im Zwiſchenraume der Linien, ſo muß das obere
Ende auch im Zwiſchenraume ſtehen.   Dem zu Folge ſtehen alle
Terzen auf den beyden nächſten Linien, oder in den beyden nächſten
Zwiſchenräumen; alle Quinten ſpringen von einer Linie auf die dritte, oder von einem Zwiſchenraume in den dritten; alle Septimen
bedürfen vier Linien, und auch ſo viele Zwiſchenräume; alle
Nonen fünf Linien oder fünf Zwiſchenräume; alle Undecimen ſechs
Linien oder ſechs Zwiſchenräume, und alle Terzdecimen ſieben Linien oder ſieben Zwiſchenräume.   In Betrachtung der letztern, der
Nonen, Decimen u. ſ. f. iſt es vielleicht ſchwer, ihren Abſtand ſo ge-
genau mit den Augen zu meſſen; es kann auch genug ſeyn, wenn
man nur gewahr wird, daß es Intervalle ſind, die über die Octave
hinaus gehen, da ſie ohnedem durch Hülfe der Octave geſucht und
gefunden werden müſſen.

§. 6.

Die zweyte Anmerkung iſt: Alle Secunden, Quarten, Sexten, Octaven, Decimen und Duodecimen haben gegen ihre Primen
einen **nicht gleichförmigen Stand**; das iſt: wenn das untere
Ende des Intervalls auf einer Linie ſteht, ſo muß das obere Ende
in einem Zwiſchenraume ſtehen; oder umgekehrt: ſteht das eine Ende im Zwiſchenraume, ſo muß das andere auf einer Linie ſtehen.
So haben in den bisherigen Exempeln alle Secunden auf den nächſten Stufen neben einander geſtanden; und ſo ſtehen alle Quarten
mit dem einen Ende auf einer Linie, und mit dem andern im zwey-

ten Zwischenräume, oder umgekehrt; alle Sexten springen von einer Linie bis in den dritten Zwischenraum, oder von einem Zwischenraume bis auf die dritte Linie; alle Octaven von einer Linie bis in
den vierten Zwischenraum, oder aus einem Zwischenraume bis
auf die vierte Linie. Bey den Decimen und Duodecimen will ich
mich ietzt nicht länger aufhalten.

§. 7.

Wenn das Auge in Ansehung der Terzen, Quinten, Septimen
u. s. f. schon sattsam geübt und sicher ist, kann man auch die zweyte
Anmerkung sich so vorstellen: die Quarte liegt eine Stufe höher als
die Terz, oder eine Stufe niedriger als die Quinte; die Sexte liegt
eine Stufe höher als die Quinte, oder eine Stufe unter der Septime; die Octave ist um eine Stufe höher als die Septime und um
eine niedriger als die None. Diese Vorstellung wird uns noch an
einem andern Orte nützlich seyn.

§. 8.

Um von den in den drey vorhergehenden Paragraphen gemachten Anmerkungen ein deutliches Bild vor Augen zu haben, betrachte
man folgende Vorstellung der Intervalle nur auf einigen Stellen.
Es ist auf allen Linien und Zwischenräumen, in allen Tonarten eben
dasselbe; auch ist es einerley, ob man die Intervalle aufsteigend oder
absteigend nimmt. Man muß sie wenigstens auf beyde Art kennen,
und üben, weil sie im Gesange auf beyde Art vorkommen.

Secunden, Terzen, Quarten, Quinten, Sexten, Septimen

Octaven, Nonen, Decimen, Undecimen, Duodecimen, Terzdecimen.

§. 9.

§. 9.

Alle Intervalle, die man in den diatonischen Tonleitern findet, sind entweder klein oder groß, vermindert oder übermäßig, consonirend oder dissonirend. Die *) reine Quarte, reine Quinte, und reine Octave nennt man vollkommene Consonanzen, weil mit ihnen keine Veränderung vorgenommen werden kann, ohne daß sie sogleich zu Dissonanzen werden. Zu den Consonanzen gehören auch die Terzen und Sexten, werden aber unvollkommene Consonanzen genennt, weil sie unter der doppelten Gestalt, als große und kleine erscheinen. Die Secunden und Septimen sind in allen Gestalten Dissonanzen. Die doppelten Intervalle richten sich nach den einfachen, bis auf die Undecime, welche eben so wie die None eine Dissonanz ist. Die im Gesange brauchbaren verminderten und übermäßigen Intervalle, welche insgesamt Dissonanzen sind, finden sich meistentheils in der weichen Tonleiter, und es soll zu einer andern Zeit davon geredet werden. Die Eintheilung der Dissonanzen in vollkommene, unvollkommene und alterirte gehört mehr in die Lehre der Harmonie, als in eine Anleitung zum Singen.

§. 10.

Was sind nun aber Consonanzen? und was sind Dissonanzen? Die Liebhaber der Zahlentheorie werden das aus den Rationen der Intervalle erklären wollen, und sagen: Diejenigen Verhältnisse, die der

*) Man halte mir es zu Gute, daß ich hier die Quarte unter die Consonanzen, und gar unter die vollkommenen rechne, da einige berühmte Tonlehrer sie unter die Dissonanzen setzen. Ich sehe sie als die Umkehrung der Quinte an. Da nun durch die Umkehrung zwar die Größe der Intervalle, aber nicht ihre Natur verändert wird; da auch in der natürlichen Folge der harmonischen Töne, wie sie die Natur hervorbringt, die Quarte sogleich auf die Quinte folgt, und eher da ist als die Terz, so habe ich es nicht über das Herz bringen können, sie unter die Dissonanzen zu verweisen. Ein anderes ist es mit der doppelten Quarte oder mit der Undecime; aber darum hat sich mehr der Harmonist als der Sänger zu bekümmern.

der Unität am nächſten ſind, geben Conſonanzen, und die davon weiter entfernt ſind, Diſſonanzen. Das iſt nun wohl nicht viel beſſer,
als wenn man einem Fieberpatienten die Arzeneyen auf einen Zettel
geſchrieben eingeben wollte. Der Zettel muß in die Apotheke, und
die Intervalle müſſen zum Gehöre gebracht werden. Dieſes nun
wird bey einigen derſelben einen gewiſſen wohllautenbenden Zuſammenklang finden, der für ſich allein ſchon Gnüge leiſtet, und das ſind
Conſonanzen; bey andern hingegen, bey den *) **Diſſonanzen**,
wird das Ohr wohl einen Zuſammenklang, aber keinen ſo wohllau-
tenden, oder für ſich allein ſchon genug thuenden empfinden; es wird
ſich ein gewiſſes Verlangen nach einem andern Zuſammenklange dabey äußern, der dieſen gewiſſermaßen zurecht weißt. Das iſt es,
was man bey Diſſonanzen die **Auflöſung** nennt. Die **Vorbereitung** derſelben, die in der gebundenen Schreibart noch Geſetz
iſt, wird in der freyen weniger beobachtet als die Auflöſung. Um
beydes hat ſich der Componiſt mehr zu bekümmern als der Sänger.

§. 11.

Unter den Noten, deren verſchiedenen Werth wir kennen gelernt
haben, war die ganze Tactnote die größte oder längſte. Bey den Alten hieß ſie gleichwohl Semibrevis, die **halbkurze**, oder die nur
den

---

*) Der Urſprung dieſer Wörter aus dem Lateiniſchen wird keinem unbekannt ſeyn, der
    in Cellarii Libro memoriali bis aufs S gekommen iſt. Um ſich aber von dem
    angegebenen Unterſchiede zwiſchen Con - und Diſſonanzen zu überzeugen, mache man
    einen Verſuch, (auf dem Claviere, wenn man will), mit folgenden beyden Exempeln.
    Das erſte enthält fünferley Conſonanzen, die man rückwärts ſpielen und nach Gefal-
    len verſetzen kann, ohne daß das Ohr etwas dagegen einzuwenden haben wird. Man
    thue hernach eben das mit dem zweyten Exempel, welches einige Diſſonanzen, nebſt
    ihren Auflöſungen enthält; man ſpiele es rückwärts, und ſage hernach, ob man den
    Unterſchied zwiſchen Con - und Diſſonanzen empfindet.

den halben Werth der kurzen hat. Die kurze (brevis) galt zwo
solche Tactnoten. Nun wenn das kurze Noten waren, wird man
denken, wie sahen denn damals die langen aus? Es fanden sich be-
ren noch zwo, von denen die eine longa, die lange, die andere ma-
xima, die größte, hieß; jene galt vier ganze Tactnoten oder Semi-
breven, diese aber acht. Heut zu Tage sind die beyden letztern nicht
mehr im Gebrauche, wie denn auch die Alten sich ihrer nur in ihrem
Canto fermo, oder Choralgesange, bedienten. Die brevis, von
zween Tacten, kömmt noch zuweilen am Ende, beym Aushalten,
und in der gewiß auch entbehrlichen Tactart $\frac{3}{1}$ vor. Um sie aber
insgesammt ihrer Figur nach zu kennen, und die lateinischen Namen
von allen zu wissen, will ich sie zusammen hersetzen.

§. 12.

Da sich nun öfters der Fall ereignet, daß, indem die eine Stimme fortsingt, die andere still schweigen, aber zu rechter Zeit auch
wieder mit dem Gesange eintreten muß, so wird man leicht auf die
Vermuthung gerathen, daß dieses Stillschweigen durch gewisse Zeichen bestimmt und angedeutet werden könne. Diese Zeichen nennt
man Pausen, und man hat deren eben so viel, als man, im Vorigen §. Gattungen von Noten gesehen hat. Die Pause von acht Tacten zwar, welche vier Linien faßte, ist nicht mehr im Gebrauche,
sondern die von vier Tacten, welche drey Linien faßt, und von den
Franzosen le baton, der Stock, genennt wird, setzt man dafür zweymal.

N

mal. Die Pause von zween Tacten berührt nur zwo Linien, und
die von einem Tacte hängt von einer Linie abwärts. Bis hieher
wird auch immer der Werth der Pausen in Zahlen darüber gesetzt.
Von den kleinern Pausen, die weniger als eine ganze Tactnote gelten, steht die halbe Tactpause aufwärts auf einer Linie. Die Viertelpause, von den Franzosen crochet, ein Haake, genannt, hat ihre
eigene Figur, und bey den übrigen kömmt die Anzahl der Haaken
mit denen an den Noten überein, wie man aus folgender Vorstellung sehen wird.

§. 13.

Unsere bisherigen Uebungsexempel sind alle in der zweytheiligen Tactart gewesen, d. i. ieder *) Tact, so wie er auf dem Papiere zwischen zween Strichen eingeschlossen ist, enthielt nicht mehr
als zwo Noten, eine im Niederschlage, (in thesi), die andere im Aufschlage, (in arsi). Gleichwohl hätten für eine Note bisweilen zwey
kleinere, auch wohl vier noch kleinere z. E. 2 Viertel oder 4 Achtel
anstatt

*) Das Wort Tact wird in der musikalischen Sprache in vielerley Verstande gebraucht.
Von den Noten, die man auf dem Papiere zwischen zween Strichen eingeschlossen
findet, sagt man, es sey ein Tact; die ganze Tactnote nennt man daher ebenfalls
kurz weg einen ganzen Tact. Auch wird dieses Wort für die Bestimmung des
Zeitraums gebraucht, in welchem die zu einem Tacte auf dem Papiere gehörigen Noten vorgetragen werden müssen. In diesem Verstande hört man von langsamen
und geschwinden Tacte, vom Singen nach dem Tacte, und wider den Tact,
reden. Die Wörter Tactbewegung, oder Zeitmaaß, wären hier bestimmter und
der Sache angemessener. Selbst die Bewegung mit der Hand, wodurch das Zeitmaaß regiert und sinnlich gemacht wird, nennt man Tact. Man sagt, den Tact
geben, den Tact schlagen, den Tact führen. Alle diese Bedeutungen haben Be-
ziehungen auf einander, und eine schließt die andere ein; indeß nehme ich hier dieß
Wort in der ersten Bedeutung.

anstatt einer halben Tactnote stehen können; aber um den Anfänger
nicht zu verwirren, bin ich lieber bey der einfachsten Eintheilung geblieben, bis auf den kleinen Versuch, der in den beyden Versetzungen
des vorigen Exempels gemacht worden ist. Wenn daselbst vier Noten in einem Tacte zusammen kommen, so sind daraus doch nicht
vier Tacttheile geworden, sondern es müssen zwo Noten immer für
einen Tacttheil genommen werden. Man nennt diese Noten alsdann **Tactglieder**, und in Betrachtung, daß zwey und drey Tactglieder für einen Tacttheil stehen können, erhalten wir die allgemeine
Eintheilung der Tactarten in **gerade zwey- und dreygliedrige**,
und in **ungerade zwey- und dreygliedrige.**

§. 14.

Zu den geraden zweygliedrigen Tactarten gehört auch die viertheilige Tactart, oder der so genannte **Viervierteltact.** Er ist
von der obigen Art darinne unterschieden, daß nicht zwey Viertel
für einen Tacttheil genommen werden können, sondern iedes Viertel
selbst als ein Tacttheil angesehen werden muß; daß also zwo lange
und zwo kurze Noten, oder Thesis und Arsis zweymal in einem Tacte vorkommen. Das erste und dritte Viertel stehen in Thesi, und
sind lang; das zweyte und vierte Viertel aber in Arsi, und sind kurz.
Für ieden Tacttheil, oder für iedes Viertel, können nun ebenfalls
zwey kleinere Noten, nemlich zwey *) Achtel oder vier Sechzehn-
theile gesetzt werden. Wollte man iedes Viertel in eine halbe Tactnote verwandeln, so erhielte man eine gewisse größere Tactart, die
man den **vierzweyteltact** nennt, der aber vom $\frac{2}{2}$ Tacte durch
nichts weiter unterschieden ist, als daß er nur halb so viel Tactstriche
zählt. Man wird in der Folge davon ein Beyspiel sehen.

§. 15.

Nun soll noch ein Uebungsexempel in dieser **viertheiligen**
Tactart folgen. Man kann die Bewegung desselben sich am besten

fühl-

*) Diese sind alsdann die eigentlichen Tactglieder; denn wenn diese in noch kleinere
Noten zergliedert werden, so hat man es blos als Verdoppelungen derselben anzusehen.

fühlbar machen, wenn man das erste Viertel mit einem etwas stärkern, das zweyte mit einem schwächern Niederschlage, das dritte und
vierte aber mit einer doppelten Rückung der Hand aufwärts aus-
drückt. Mit einem nach allen vier Winden gerichteten Gefechte der
Hand, wobey die Nachbarn zur Rechten und Lincken für ihre Augen besorgt seyn müssen, wird im Tactgeben wenig gewonnen; am
besten ist es, wenn man es ohne Grimassen, und mit dem wenigsten
Geräusche thun kann. Die schicklichste und bequemste Art scheint
mir zu seyn, wenn der Sänger seine Noten vor sich hinlegt, und sodann mit den Fingern der rechten Hand den Niederschlag in seine
flache linke Hand verrichtet. Diesen allein kann er etwas hören lassen; das übrige muß nicht gehört, sondern blos gesehen werden, und
dazu ist eine mäßige Erhebung der Hand schon hinreichend. Außerdem fängt dieses Exempel auch nicht im Niederschlage, sondern mit
zwo Noten im Aufschlage an. Es ist ferner im achten Tacte durch
ein Zeichen von einander abgesondert, welches man ein Wie-
derholungszeichen nennt, und eine Wiederholung des Vorhergehenden und Nachfolgenden verlangt, wenn auf beyden Seiten
Puncte stehen, deren Anzahl übrigens gleichgültig ist; doch dürfen
ihrer nicht weniger als zwey auf ieder Seite seyn. Am Ende, wenn
die Wiederholung des zweyten Theils statt hat, werden diese Puncte
noch einmal gesetzt.

§. 16.

Vorausgesetzt, daß nun der Sänger die Noten ohne Anstoß zu
benennen *) weiß, wollen wir ihm Gelegenheit geben, Sylben zu
sprechen. Diese schon oben angeführten Sylben, da me ni po tu
la be, sind eine Erfindung des seel. Capellmeisters Graun, der in
sei=

---

*) Sollte mich diese Vermuthung betrügen, so versteht sichs von selbst, daß man bey
iedem Uebungsexempel noch mit Abdiren mit unter fortfahren müsse, wenn man an
den kleinen Erläuterungsexempeln, deren in ieder Lection noch genug vorkommen werden, nicht genug zu haben glaubt, welche nicht besser, als mit den Buchstaben gesungen werden können.

seiner Jugend ein eben so vortreflicher Sänger als Componist war.
Sie haben den Vortheil, daß alle Vocale, auch die wohl zu unter-
scheidende harte und weiche Consonanten darinne vorkommen, und
ich ermahne den Sänger angelegentlichst, auf eine reine und deutliche Aussprache der erstern, und eine richtige Unterscheidung der letztern beflissen zu seyn. Das Unterlegen der Sylben geschieht nach
einzelnen Noten, wofern nicht besondere Umstände ein Anderes er-
heischen. Wenn nämlich zwey, drey, vier und mehrere Noten durch
einen Bogen, oder, wenn es Achtel und Sechzehntel sind, durch einen und zwey Queerstriche verbunden sind, so müssen diese allemal
auf eine Sylbe genommen werden.

be, da me ni po tu la be, da me ni po tu la be.

Um einen Ton tiefer, und in einer größern Tactart.

Wegen der Bogen über den Noten sehe man den §. 7. der fünf=
ten Lection nach, und vergleiche damit den 11ten und 15ten eben der=
selben Lection, so hat man alles beysammen, was über diese Materie
gesagt werden kann.

Zur Uebung kann man dieses Exempel noch in andere Tonarten
übertragen, auch es in der kleinern Tactart des $\frac{3}{8}$ oder $\frac{3}{4}$ zu
Papiere bringen; da ohnedem diese Exempel keine festgesetzte Bewe=
gung in Ansehung des Zeitmaaßes erfodern, sondern so wohl ge=
schwind als langsam gesungen werden können, auch der Uebung we=
gen gesungen werden sollen.

Siebende Lection.

Eintheilung der Intervalle in einfache und zusammengesetzte §. 1. Große und kleine
Terzen §. 2. 3. Wie sie gesucht werden §. 4. Zwo Terzen geben eine Quinte §. 5.
Ingleichen den harmonischen Dreyklang §. 6. Wie die Quinten gesucht werden
§. 7. Mit der Octave vermehrt, giebt einen Vierklang oder Grundaccord §. 8.
Allgemeine Anmerkung über die Intervallenexempel §. 9. Uebung der Octave
§. 10. Vom Puncte hinter den Noten §. 11. Von veränderlichen Vorschlägen
§. 12. Einige Anmerkungen darüber §. 13. Von der dreytheiligen Tactart §. 14.

§. 1.

Wir wollen uns nun mit allen Intervallen in vier oder fünf Le=
ctionen näher bekannt machen: nicht nach der Reihe ihrer
Zahlen, wie man in deutschen Singschulen sonst zu verfahren pflegte,
sondern nach einer gewissen harmonischen Verbindung, die sie unter
ein=

einander haben. Der Sänger verliere nun die in voriger Lection §. 5.
wegen des Abmessens der Intervalle auf dem Papiere gemachten
Anmerkungen nie aus den Augen. Es ist einer Eintheilung derselben in einfache und doppelte schon Erwähnung *) geschehen; hier
kömmt uns eine andere, nach dem **Rousseau** **), zu statten. Alle
Intervalle können auch in einfache und zusammengesetzte unterschieden werden; Die Secunden, Terzen und Qvarten sind in
diesem Verstande allein einfache, alle übrigen sind zusammengesetzte.
Die Erläuterung darüber wird bey jeder Gelegenheit besonders gegeben werden.

§. 2.

Die Beschaffenheit dieser Intervalle, ob sie groß oder klein, übermäßig oder vermindert sind, wollen wir iedesmal nach der harten
Tonleiter untersuchen, und was sich in dieser nicht findet, das wird
in der weichen Tonleiter anzutreffen seyn. Die **Terz** soll vorizt
den Anfang machen. Sie ist ein Intervall von zwo Secunden in
drey Stufen, sowohl auf dem Notenplane, als auch wenn man sie
mit der Stimme ***) sucht. In der harten Tonleiter finden sich folgende, und in folgender Ordnung :

Unter diesen sieben Terzen sind drey große, c - e, f - a, g - h,
welche zwischen ihren drey Stufen zwo große Secunden oder ganze
Töne

*) S. §. 3. der sechsten Lection.

**) Man sehe sein Dictionnaire de Musique, in dem Artikel Consonnance.
Er macht diese Eintheilung nur in Ansehung der Consonanzen; wir aber wollen sie
von allen Intervallen überhaupt verstehen.

***) Mit der Stimme suchen heißt, ein unbekanntes Intervall vermittelst eines an-
dern bekannten ausfindig machen. So gelangt man zur Terz, wenn man zwo
Secunden auf - oder absteigend singt. Es ist dieses Suchen für Sänger im Anfange ein nöthiges Hülfsmittel, bis sie durch Zeit und Uebung die schwersten und entferntesten Intervalle ungesucht angeben lernen.

Töne einschließen, z. E. c d e; und vier kleine, d - f, e - g, a - c,
h - d, welche aus einem ganzen und einem halben Tone bestehen.
Von einer Terz zur andern findet sich immer eine absteigende große
oder kleine Secunde, oder eine aufsteigende, wenn die Terzen abwärts gesungen werden.

Oder steigend und fallend vermischt.

§. 3.

Die kleinen Terzen haben, wenn sie vermittelst der Secunden
gesucht werden, den halben Ton bald zwischen der ersten und zweyten Stufe, wie z. E. e f g, h c d, bald zwischen der zweyten und
dritten, als d e f, a h c. Dieser Umstand gründet sich auf die Stelle,
die diese Terzen in der Tonleiter einnehmen, und ist in den versetzten Tonleitern eben derselbe. Z. E.

Hier wird das Auge auf dem Papiere den Unterschied, der zwischen diesen und den obigen Terzen ist, nicht gewahr, wenn es nicht
die in e dur versetzte Tonleiter, und die dazu gehörigen Erhöhungs-
zeichen bemerkt. Uebrigens suche man sich im Treffen der Terzen,
so wohl der kleinen als der großen, so wohl ab- als aufsteigend, sobald als möglich fest zu machen, weil wir sie bey allen folgenden Intervallen als ein Hülfsintervall nöthig haben werden.

§. 4.

Sollte es dem Sänger Mühe machen, diese Terzen sogleich zu
treffen, und hätte er nöthig, sie erst zu suchen, so müßte es durch

O   auf-

aufſteigende Secunden, und nach Beſchaffenheit der Tonleiter auf
folgende Art geſchehen.

Das Hülfsintervall habe ich zwiſchen ieder Terz durch eine kleinere Note angedeutet. Man mache davon die Anwendung auf die
beyden vorhergehenden Exempel; auch zu mehrerer Uebung noch auf
mehrere verſetzte harte Tonleitern. Daß die Terzen unvoll-
kommne Conſonanzen ſind, weil ſie als ſolche groß und klein
ſeyn können, iſt ſchon geſagt, und man erinnere ſich, daß dieß auch
von den Sexten gilt, da ſie ohnedem nichts anders als umgekehrte
Terzen ſind.

§. 5.

Zwo Terzen über einander geben eine Qvinte, welche rein
und eine vollkommne Conſonanz genennt wird, wenn ſie aus
einer großen und kleinen Terz zuſammen geſetzt iſt, von denen bald
die große, bald die kleine unten ſteht. Zwo kleine Terzen über einander, geben eine verminderte *) Qvinte, die als Diſſonanz
in einen halben Ton abwärts aufgelöſt werden muß. Man wird in
folgender Qvintenreihe, auf der ſiebenden Leiterſtufe, von h zu f,
eine antreffen; die übrigen alle ſind reine Qvinten.

Von

*) Einige Muſiker nennen dieſe verminderte Qvinte, die kleine, auch wohl die falſche;
　 die übermäßige aber die große. Eben ſo machen ſie es mit der Qvarte: die über-
　 mäßige heißt bey ihnen die große, oder die falſche; die verminderte hingegen die
　 kleine. Das kann man ihnen nun wohl erlauben, weil ſie ein gewiſſes Recht der
　 Verjährung vorſchützen, und es überhaupt gut iſt, ut in verbis ſimus faciles.
　 Mit der übermäßigen Qvinte haben wir in dieſer Lection noch nichts zu thun; ſie ent-
　 ſtehet durch zwo über einander geſetzte große Terzen, z. E. c e gis, und findet ſich in
　 der weichen Tonleiter.

Von einer Qvinte zur andern findet sich hier eine fallende
Qvarte, und eine steigende, wenn man die Qvinten abwärts singt.
Es ist gut, daß man auf alles aufmerksam gemacht wird, damit
man nicht bisweilen Dinge für neu ansieht, die schon da gewesen
sind. Doch soll in folgender Lection von den Qvarten besonders
gehandelt werden. Nun die absteigenden Qvinten.

Oder steigend und fallend vermischt.

§. 6.

Das Suchen der Qvinten durch Hülfe der Terz giebt zu einer
andern sehr wichtigen Anmerkung Gelegenheit. Außerdem, daß
man siehet, wie bald die große, bald die kleine Terz vorangehet, ist
darinne auch die Lehre der sogenanten **Dreyklänge** *) oder Accorde enthalten. Diese sind gleichsam ein kurzer Inbegrif der Tonleiter, und das deutlichste Mittel die Tonart zu erkennen, welche einem musikalischen Stücke zum Grunde liegt. So wie die Tonleiter
entweder hart oder weich ist, so ist es auch der Dreyklang; so wie
bey jener der Unterschied auf der Terz beruht, also auch hier. Wird
die reine Qvinte mit der großen und kleinen Terz zusammen gesetzt,
das heißt, geht die große Terz voran, so nennt man das den **harten** Dreyklang; geht aber die kleine Terz voran, so heißt der Dreyklang ein **weicher**. Derjenige Dreyklang aber, der aus zwo klei-

D 2   nen

*) Ich weiß es wohl, daß es in der Harmonie mancherley Accorde, mancherley Drey-
und Vierklänge giebt, und wenn ich eine Lehre der Harmonie schriebe, müßte ich hier
etwas bestimmter reden. Für den Sänger aber ist es genug, wenn er nur das Ding
kennen lernt, das man sonst einen harmonischen Dreyklang, oder reinen Grundaccord nennt. Von keinem andern Accorde ist auch in dieser Lection die Rede.

nen Terzen entsteht, welche eine verminderte Qvinte geben, wird ein **verminderter** Dreyklang genennt, und ist dissonirend, weil alle verminderte Intervalle Dissonanzen sind. Er kann auch nie zur Bestimmung einer Tonart, oder zur Grundlage eines musikalischen Stücks dienen; dazu sind nur die beyden ersten, der harte und weiche Dreyklang, brauchbar. So wie diese sind, so sind auch die Tonarten, in denen ein musikalisches Stück gesetzt ist. Wenn man die Redensarten: das Stück ist in c dur; das Stück ist in g moll, noch nicht verstanden hätte, so wird man sie nun verstehen.

§. 7.

Alle drey Arten des Dreyklangs, des harten, des weichen und verminderten, wird man in folgender Qvintenreihe finden, und zugleich sehen, wie die Qvinten vermittelst der Terzen gesucht werden müssen, so lange sie ein Sänger noch nicht mit Sicherheit zu treffen weiß. Der harte Dreyklang, wo die große Terz voran geht, findet sich dreymal, in c e g, f a c, g h d; der weiche, der die kleine Terz unten hat, ebenfalls dreymal, in d f a, e g h, a c e; der verminderte ist ein einzigesmal da, in h d f. Das Auge nicht zu verwirren, habe ich die Terzen abermals mit kleinern Noten zwischen den Qvinten angedeutet.

Man verlängere dieses Exempel dadurch, daß man es in absteigenden Qvinten rückwärts singe; auch kann man es in andere Tonarten übertragen.

§. 8.

Um die Dreyklänge zu vollständigen Accorden zu machen, (denn darunter versteht man doch wohl insgemein einen **Vierklang**), fügt man ihnen oben noch eine reine **Qvarte** *) bey, welche mit dem unter=

---

*) Wenn der reine oder vollkommene Grundaccord dem Menschen von Natur so einge-
pflanzt ist, wie einige Tonlehrer glauben, so bin ich gar nicht in Sorgen, daß nicht
ieder

tersten Tone des Dreyklangs eine Octave macht. Man sagt daher, ein Accord bestehe aus der Terz, Qvinte und Octave. Was
hier vom Unterschiede des harten und weichen, oder Dur= und Moll-
accords gesagt werden könnte, wäre nichts anderes, als was im Vorigen über die Dreyklänge ist gesagt worden. Die reine Octave be-
hauptet unter den vollkommenen Consonanzen den ersten Platz; der
zwente gehört der reinen Qvinte. Wir wollen nun die obigen Drey=
klänge alle in Vierklänge oder vollständige Accorde verwandeln.
Man übe sie, so wie alle vorige Intervallenexempel, auf= und ab=
steigend.

u. s. w.

Den verminderten Accord h d f h kann man nicht wohl von der
Reihe ausschließen, so unähnlich er sonst allen übrigen ist; es ist außerdem auch nöthig, daß ein Sänger mit ihm bekannt sey.

§. 9.

Eine Schwierigkeit wird den Sänger in obigem Exempel stu-
tzig machen, wenn er es geschwind nach einander wegsingt: die fallenden Septimen nemlich, die sich zwischen iedem Accorde befinden,
und sich in steigende verwandeln, wenn man die Accorde abwärts
singt. Außerdem nun, daß von der Septime künftig noch besonders
gehandelt werden soll, kann man doch auch hier sich schon ein wenig
darauf vorbereiten, da sie in Verbindung mit andern Intervallen
auftritt, welche freylich wohl vorietzt eine vorzüglichere Aufmerksamkeit verdienen. Ein Umstand kann in allen diesen und den folgen-

D 3 den

ieder Sänger diese Qvarte finden werde, ob er gleich erst in folgender Lection erfahren soll, wie sie zu suchen sey.

ben Exempeln zur Erleichterung dienen: Sie sind nach der Folge der Stufen in der Scale eingerichtet, und wenn man mit dieser genugsam bekannt ist, so wird man in der Reihe derselben den Ton leicht finden, und ein dazwischen liegendes schwereres Intervall kaum gewahr werden.

§. 10.

Wir müssen nun noch bey der Octave etwas stehen bleiben. Die Art, wie sie vermittelst der Terz und Qvinte gesucht werden kann, ist im vorigen Exempel enthalten. Wenn man nun lange genug gesucht hat, so sehe man, ob es möglich ist, auch ohne Suchen zu finden, und ob folgende Exempel noch Schwierigkeiten haben.

Oder steigend und fallend vermischt.

Alles was in dieser Lection vorgetragen worden, verdient wohl gefaßt, und fleißig geübt zu werden. Sie ist eine der wichtigsten im ganzen Buche; man hüpfe also nicht leichtsinnig darüber weg. In Betrachtung dessen will ich nicht viel Neues über die Tactarten hier vortragen, sondern die vollständige Erklärung derselben bis zur folgenden Lection versparen. Ich füge aber vorißt noch ein paar Anmerkungen über die Puncte hinter den Noten, und über die Vorschläge bey.

§. 11.

§. 11.

Die Puncte hinter den Noten beruhen mit denen im §. 15. der fünften Lection beschriebenen Bindungen auf einerley Grunde. Wenn eine mit einer langen auf eben derselben Stufe stehende kurze Note den halben Werth der langen hat, und mit derselben durch einen Bogen verbunden ist, so kann allemal, an statt der kurzen Note, ein Punct gesetzt, und der Bogen weggelassen werden. Z. E.

In einem wie im andern Falle, werden bey der halben Tactnote drey Viertel, bey dem Viertel drey Achtel, und bey dem Achtel drey Sechzehntel ausgehalten. Selbst ein dazwischen stehender Tactstrich hindert nicht, die kurze Note in einen Punct zu verwandeln.

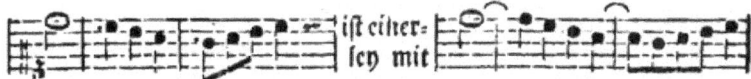

Die Regel lautet demnach so: **Ein Punct hinter einer Note gilt allemal halb so viel, als dieselbe Note.** Wenn aber die Note, deren Stelle ein Punct vertreten soll, selbst schon einen Punct hinter sich hat? Alsdann müssen zween Puncte gesetzt werden, und der zweyte gilt nur die Hälfte des ersten. Z. E.

Man merke aber, daß hier die verlängerte Note mit wachsender Stärke, und fast über die erfoderliche Länge gehalten, die kurze Note hingegen scharf und schleunig an die folgende angezogen werden müsse. Eben so verhält es sich, wenn die auf einen Punct folgen gende Note in zwey, drey oder vier kleinere zertheilt wird; z. E.

Auch bey Pausen pflegt man einen Punct nach einem Viertel, Achtel oder Sechzehntel zu setzen; den Werth desselben wird man sich aus dem Vorigen zu erklären wissen.

§. 12.

Die Vorschläge gehören zwar eigentlich zu den Auszierungen des Gesanges, oder zu den Manieren, wovon in der zwölften Lection gehandelt werden soll: aber eine gewisse Gattung derselben, die Herr Bach, in seinem Versuch über die wahre Art das Clavier zu spielen, veränderliche nennt, kann da sehr bequem mit beschrieben werden, wo von der Eintheilung der Noten geredet wird. Der Nahme Vorschlag giebt es schon, daß sie mehr die folgende als die vorstehende Note angehen. Sie werden mit kleinen Nötchen vor dieselbe gesetzt, und theilen sich zur Hälfte in die Zeit oder Dauer der Note, vor welcher sie stehen, wenn eine gleiche Theilung möglich ist. Vor Noten, die durch einen Punct, oder eine daran gebundene kleinere Note verlängert oder dreytheilig gemacht werden, nehmen sie gar die große Hälfte, oder zween Theile weg, und lassen für die Note selbst nur einen Theil übrig. So sagt wenigstens die Regel. Aber bey der Sorglosigkeit einiger Componisten, und der nichts weniger als einförmigen Art, ihre Gedanken aufzuschreiben, kommen öfters Fälle vor, wo der Vorschlag vor einer punctirten Note nicht mehr als einen Theil der Zeit bekommen kann, die Note selbst hingegen zween Theile behält; so wie es auch wieder Fälle giebt, wo des Ausdrucks wegen der Vorschlag vor einer gleichtheiligen Note länger als die Hälfte gehalten werden muß. Freylich wäre es in diesen Fällen der Regel und des Sängers wegen besser, wenn der Vorschlag als eine vollgültige Note geschrieben wäre; die erste bliebe fein

bey

bey Ehren, und der andere wüßte sogleich woran er wäre. Ueberhaupt kann ich keine Ursache finden, warum nicht alle diese veränderlichen Vorschläge als in den Zusammenhang der Melodie und
Harmonie gehörige Noten, so gut als andere, hingeschrieben werden
könnten. Die Componisten würden dabey nicht schlimmer wegkom-
men; ja bey solchen Ausführern, die entweder auf die Vorschläge
nicht achten, oder sich nicht darauf verstehen, allemal besser fahren.
Warum schreibt man nicht, anstatt

lieber so?

oder

da doch so gesungen und gespielt werden soll. Ja wenn noch alle
Componisten die Vorschläge nach der ihnen zukommenden Dauer der
Zeit vorzeichneten, so möchte es noch gehen: aber so giebt es deren die
Menge, die ein Achtel oder Sechzehntel, als Vorschlag, vor alle No-
ten ohne Unterschied setzen; und was die Componisten nicht verhu-
deln, das nehmen die Abschreiber auf sich.

P   §. 13.

§. 13.

Ein Sänger kann übrigens aus obigen Beyspielen alles das einsehen lernen, was ich von den veränderlichen Vorschlägen gesagt
habe. Da sie in die Zeit der folgenden Note gezogen werden, so
folgt auch, daß sie mit dieser auf einer und eben derselben Sylbe gesprochen werden müssen, und daß das Sprechen der Sylbe schon mit
dem Vorschlage den Anfang nimmt. Ferner folgt daraus, daß man
zwischen einem Vorschlage, und der darauf folgenden Note, nicht
Athem holen darf, weil *) das eine Sylbe mitten von einander schneiden, und zweymal sprechen hieße; vielmehr muß der Vorschlag mit
wachsender Stärke an die folgende Note gezogen werden. Man
wird auch bemerkt haben, daß der Vorschlag, gegen die auf ihn folgende Note, eben so wohl eine Stufe tiefer als eine höher stehen, auch
in beyden Fällen so wohl einen ganzen als großen halben Ton, niemals aber einen kleinen halben gegen sie ausmachen könne.

§. 14.

Die dreytheilige oder $\frac{3}{4}$ Tactart des folgenden Uebungsexem-
pels wird schon von der dritten Lection her einigermaßen bekannt
seyn. Man kann daselbst den §. 13. und 14. noch einmal nachlesen.
Doch geht dieß Exempel von jenem darinne ab, daß bisweilen zwey
Viertel in einen halben Tact zusammen gezogen, bisweilen ein
Viertel in zwey, oder alle drey in sechs Achtel zergliedert werden.
Da nun in dieser Tactart, unter drey Viertelnoten, nur einmal
Thesis und Arsis statt hat, und es gleichgültig ist, ob man das
zweyte Viertel zur ersten oder zur andern rechnet, so habe ich auch
einigemal die Noten gegen die Sylben so abgetheilt, daß auf die er-
ste oder lange nur zwey Achtel, auf die zweyte oder kurze aber vier
Achtel genommen werden müssen. Im 10ten, 11ten, 41sten, 42sten
und

---

*) Dazu ist noch ein anderer harmonischer Grund vorhanden; der nämlich, daß die
meisten Vorschläge eine Dissonanz enthalten, welche in der folgenden Note aufgelöst wird.

und 43ſten Tacte wird man es ſo finden. Unter gewiſſen Um=
ſtänden iſt es auch erlaubt, auf kleinern Noten, worein die Tact=
theile zergliedert werden, ganze Sylben zu ſprechen, und man hat
im 14ten, 16ten, 34ſten und 36ſten Tacte Beyſpiele davon. Wenn
im $\frac{3}{4}$ Tacte auf iedes Viertel eine Sylbe kömmt, wie im 13ten, 15ten,
18ten, 33ſten und 35ſten Tacte, ſo muß man ſich die erſte als lang und
die beyden andern als kurz, mit einem Worte, einen Dactylum *)
vorſtellen. Im 19ten, ingleichen zwiſchen dem 30ſten und 31ſten Ta=
cte, findet ſich etwas, das unter die Freyheiten gehört, die ſich ein
Componiſt erlaubt, wenn er ein unangenehmes monotoniſches Her=
zählen der Sylben vermeiden will. Außerdem kann dieß Exempel
dienen, ſich in der richtigen Eintheilung der veränderlichen Vorſchlä=
ge, und der genauen Beobachtung einiger kleinen Pauſen zu üben.
Wenn man will, kann man es auch in andere Tonarten, und in den
$\frac{3}{8}$ Tact überſetzen.

*) Von den muſikaliſchen Sylbenfüßen ſoll in der vierzehnten Lection gehandelt werden.

tu la be, da me ni po tu la be,
da me ni po tu la be, da me ni po tu
la — be. Da me ni po tu la
be, da me ni po tu la be,
da me ni po - tu la be, da me ni

po tu la be, da nu ni po tu la be, da me

ni po tu la be, da me

ni po tu la be.

Achte Lection.

Die Qvarte ist eigentlich ein einfaches Intervall §. 1. Wahre Gestalt derselben §. 2.
Wie sie am leichtesten zu treffen sey §. 3. Uebung derselben in einem kleinen
Exempel §. 4. Beschreibung der Serte §. 5. Verschiedene Art sie zu suchen §.6.
Uebung derselben in einem kleinen Exempel §. 7. Doppelte Art der Zusammen-
setzung in diesem Exempel gezeigt §. 8. Allgemeine Vorstellung aller Tactar-
ten §. 9. Der geraden §. 10. Der ungeraden §. 11. Untereintheilung in
Tactglieder §. 12. Anmerkungen zu dem angehängten größern Uebungsexem-
pel §. 13.

§. 1.

Nach der in voriger Lection §. 1. gemachten Eintheilung der Intervalle in einfache und zusammengesetzte, gehört die Qvarte
zwar zu den einfachen, durch deren Vermittelung man zu den zusammengesetzten gelangt, so wie wir schon die Octave durch eine der
Qvinte beygefügte Qvarte erhalten haben; das darf uns aber nicht
hindern, sie in gewisser Absicht selbst als zusammengesetzt zu betrachten: das heißt, sie durch ein leichteres und bekannteres Intervall finden zu lernen.

§. 2.

Die Qvarte ist als ein Intervall von vier Stufen beschrieben
worden, das auf dem Notenplane um eine Stufe höher steht, als
die Terz. Diese Art der Vorstellung auf dem Papiere zeigt zugleich,
durch welches Mittel sie am leichtesten zu finden oder zu treffen sey.
Man wird allemal eine reine Qvarte angeben, wenn man einer
großen Terz einen halben, oder einer kleinen einen ganzen Ton zusetzt. Ein ganzer Ton, mit einer großen Terz verbunden, giebt eine
übermäßige *) Qvarte. Wir wollen nun sehen, was für Qvarten, und wie viele wir in der harten Tonleiter finden werden.

Un-

---

*) Es ist schon erinnert worden, daß einige die Beywörter: übermäßig und vermin-
dert, bey den Qvinten und Qvarten, mit groß, klein und falsch vertauschen.
Man sehe die Anmerkung zum §. 5. der vorigen Lection. Die verminderte Qvarte
geht uns hier noch nichts an.

Unter diesen sieben Quarten ist nur eine einzige unreine oder übermäßige, die von f zu h. Diese ist eine wahre Dissonanz, so wie die reine Quarte eine wahre Consonanz ist. Bey dem allen kömmt die übermäßige Quarte im Gesange, besonders in Recitativen, häufig vor; und ich rathe einem Sänger sich wohl mit ihr bekannt zu machen. Dazu kann folgendes in A moll gehörige Exempel dienen, das man noch so lange bey Seite setzen kann, bis man mit den folgenden Quartenexempeln in Richtigkeit ist.

§. 3.

Will man die Quarten gegen die Terzen, durch welche sie ein Sänger leichter finden kann, vergleichen, um die davon gegebene Vorstellung zu bestätigen, so sehe man sie hier auf und absteigend:

§. 4.

Zur Uebung lasse man sich folgendes vermischte Exempel empfohlen seyn, welches man ohne Gefahr des Schadens in alle eilf übrige

Ton-

Tonarten übersetzen, auch nach Belieben, in der zwey= und drey=
theiligen Tactart singen kann.

§. 5.

    Wenn es nun mit dem letzten Exempel glücklich abgelaufen ist,
so wollen wir die Qvarte wieder in die Rechte eines einfachen Inter=
valls einsetzen, und sehen, zu welchen andern größern Intervallen
sie uns behülflich seyn wird.   Wenn wir der Qvarte eine Terz bey=
fügen, so erhalten wir eine **Sexte**, ein unvollkommen consoniren=
des Intervall, das, der gegebenen Beschreibung nach, sechs Stufen
enthält, und auf dem Notenplane um eine Stufe höher steht, als die
Qvinte.   Der Zusatz einer großen Terz zu einer reinen Qvarte
giebt eine große Sexte, c f a; der Zusatz einer kleinen Terz aber
bringt mit der reinen Qvarte eine kleine Sexte hervor, c f as. Wir
wollen nun sehen, was für Sexten wir in der natürlichen harten Ton=
leiter durch dieses Mittel erhalten.

    Wo sich hier kleine Terzen finden, da haben wir auch kleine
Sexten, z. E. von e zu c, von a zu f, von h zu g. Bey der vierten
Sexte

Sexte f zu d erſetzt die Qvarte, welche übermäßig iſt, das was die
Terz fehlen läßt. Dieſe Sexte demnach iſt groß, ſo wie die übrigen,
c zu a, d zu h, g zu e.

§. 6.

Dieſe Art die Sexten zuſammen zu ſetzen findet nur bisweilen
Statt; ſehr oft, und beynahe in den meiſten Fällen, muß man den
Kolben umkehren, d. i. die Terz unten, und die Qvarte oben ſtellen.
In der Geſtalt der Sexten wird dadurch nichts geändert.   Die
übermäßige Qvarte kömmt aber ſchon in der zweyten Sexte zum
Vorſcheine, um der kleinen Terz auszuhelfen.

Auch hier ſind große Sexten, wo große Terzen, und kleine
Sexten, wo kleine Terzen ſind; die zweyte von d zu h ausgenommen, welche aus vorhin angeführter Urſache groß iſt.

§. 7.

Dieſe doppelte Art, die Sexten zu ſuchen, kann allerdings den
Sänger in einige Verlegenheit ſetzen.   Ohne eine vollkommene Ein-
ſicht in die Harmonie wird es ihm ſchwer ſeyn, ſogleich zu wiſſen,
ob eine Sexte bequemer durch die Terz oder durch die Qvarte gefunden werde.   Das Beſte iſt demnach, daß man ſo bald als möglich
Anſtalt macht, ſie ungeſucht zu treffen.   Folgendes Exempel fleißig geübt, wird ein gutes Mittel dazu ſeyn.

K   Daß

Daß mit dem 5ten Tacte eine Wendung nach g dur geschehe,
wird man aus dem Semitonio modi, fis, und der im 6ten Tacte
folgenden großen Terz h erkennen. Eben so findet man im 10ten
Tacte das Semitonium modi von d, und sogleich darauf die kleine
Terz f. Man befindet sich also im d moll, womit auch die characteristische Note b im 9ten Tacte übereinstimmt. Es ist gut, daß man
sich dieser Dinge bey Gelegenheit wieder erinnert.

§. 8.

Wie nach Anleitung des vorstehenden Exempels die Serte bald
durch die Terz, bald durch die Qvarte gesucht werden müsse, kann
man aus folgendem Beyspiele ersehen. Nur in einigen Fällen sind
Terz und Qvarte gleich bequem zu gebrauchen, wenn nämlich
eine große Serte durch die kleine Terz, von unten, und durch die
übermäßige Qvarte, von oben, zusammen gesetzt wird.

§. 9.

Die Lehre vom Tacte vollständig zu machen, will ich iezt wiederholen, was hin und wieder in diesem Werke davon ist gesagt worden, und die noch unberührten Gattungen zugleich erklären. Im
§. 13. 14. 15. der sechsten Lection ist das Vornehmste schon einmal da
gewesen. Man wird sich von daher erinnern, daß die Tactarten in

gla-

gerade und ungerade getheilt werden. Gerade sind alle die,
deren Anzahl der Tacttheile sich in zwo gleiche Hälften
theilen läßt, als 2, 4, 6, 12. Ungerade hingegen sind, die nicht auf
diese Weise getheilt werden können, als 3, 9. Die Tacttheile selbst
bestehen entweder in halben Tactnoten, Vierteln oder Achteln, und
in der Vorstellung dieser Tactarten, welche zu Anfange eines ieden
Stücks, sogleich nach dem Schlüßel, und der Vorzeichnung, durch
Zahlen geschieht, wird die Zahl der Tacttheile oben, der Werth derselben aber unten gesetzt, so wie der Zähler und Nenner in Brüchen
über einander stehen. Wir erhalten dadurch folgende Vorzeichnun-
gen von geraden Tactarten: $\frac{2}{2}$, $\frac{2}{4}$, $\frac{4}{2}$, $\frac{4}{4}$, $\frac{4}{8}$, $\frac{6}{4}$,
$\frac{6}{8}$, $\frac{12}{8}$.

§. 10.

Der Zweyzweytel=Tact wird insgemein statt $\frac{2}{2}$ mit einem
durchstrichenen C vorgezeichnet, und dieses Zeichen bestimmt zugleich das Zeitmaaß oder die Bewegung, welche noch einmal so geschwind zu seyn pflegt, als es der Werth der Noten zu erfodern
scheint. Das wird mit den darüber gesetzten Worten, alla breve,
alla capella, ausdrücklich gesagt, und man nennt diese Gattung insgemein den Allabreve=Tact. Der Zweyviertel=Tact
kömmt, der Natur nach, mit ihm überein: um sovielmehr, da die
Tacttheile desselben nur den halben Werth von jenen haben. Die
folgenden Arten des $\frac{4}{2}$, $\frac{4}{4}$, $\frac{4}{8}$, sind nach der Art zu zählen
ebenfalls einerley, und machen nur im Auge, wegen des geringern
oder höhern Werths ihre Tacttheile, einen scheinbaren Unterschied.
Da man also mit einer Art so viel ausrichten kann, als mit allen
dreyen, so entbehrt man gern den Vierzweytel=Tact; oder
wenn er ja noch vorkommen solte, muß man ihn für nichts anderes,
als für einen zweytheiligem Allabreve=Tact ansehen, wo immer
zween Tacte in einem beysammen sind, wie z. E. in Grauns Passionscantate, in dem Chore: Christus hat uns ein Vorbild gelassen.

Q 2   Die

Die Mode will es, daß der Vierviertelract nicht mit $\frac{4}{4}$, sondern mit einem undurchstrichenen C vorgezeichnet werde. Uebrigens muß diese Tactart, wenn die Bewegung langsam ist, nach Tactgliedern, d. i. als acht Achtel gezählt werden. In geschwinder Bewegung können die Tacttheile, oder vier Viertel, mit der Hand bemerkt werden. Den Vierachtel = Tact sieht man überall für zwey Viertel an; und zeichnet ihn auch so vor. Der Sechsviertel = und Sechsachteltact sind zweytheilige *) Arten, von denen jener mit dem $\frac{2}{2}$, dieser aber mit $\frac{2}{4}$ überein kömmt. Eben so verhält es sich mit dem Zwölfviertel = und Zwölfachtel = Tacte: der letzte hat die Natur des Vierviertel = Tacts, und der erste des Vierzweytel = Tacts, ist auch eben so überflüßig als dieser.

§. II.

Das waren nun die geraden Tactarten alle, und die gewöhnlichsten davon werden, wie gesagt, zu Anfange eines Stücks durch die Zeichen C, C, $\frac{2}{4}$, $\frac{6}{4}$, $\frac{6}{8}$, $\frac{12}{8}$ angemeldet. Die Ungeraden, deren Zähler sich nicht in zwo gleiche Hälften theilen läßt, kommen in folgenden Vorzeichnungen vor: $\frac{3}{2}$ **), $\frac{3}{4}$, $\frac{3}{8}$, $\frac{9}{4}$, $\frac{9}{8}$. Unter diesen ist der Neunviertel mit dem Dreyzweytel, und der Neunachtel mit dem Dreyviertel von gleicher Natur ***).

Ein=

---

*) Es verdient angemerkt zu werden, daß in diesen beyden Tactarten, so wie auch im $\frac{1}{2}$, ingleichen in den Ungeraden $\frac{3}{2}$, $\frac{3}{4}$, die obere Zahl nicht die Tacttheile, sondern die Tactglieder andeute; deren immer drey auf einen Tacttheil zu rechnen sind.

**) Diese Tactart trift man sehr häufig in den Singducetten des Steffani an; es sind aber immer zween Tacte in einen gezogen, so daß die Vorzeichnung $\frac{6}{4}$ passender wäre. Es ist also damit beschaffen, wie oben vom $\frac{6}{4}$ gesagt ward.

***) Es ist schon seit langer Zeit Mode, die dreytheiligen Tactarten Tripeltact zu nennen, obgleich einige neuere Tonlehrer nicht damit zufrieden seyn wollen. Wenn diese Benennung sich nur zur Sache schickt, und nicht auch die zweytheiligen Tactarten $\frac{6}{4}$, $\frac{6}{8}$, oder die viertheilige $\frac{12}{8}$, darunter gemengt werden, so läßt sie sich wohl noch rechtfertigen.

Einige größere oder kleinere Tactarten, z. E. $\frac{3}{7}$, $\frac{2}{8}$, $\frac{9}{16}$, $\frac{12}{16}$, gehören entweder zu den Alterthümern, oder rühren blos von dem Eigensinne der neuern Componisten her, die bis auf den heutigen Tag in der Lehre vom Tacte nicht gleiches Sinnes sind.

§. 12.

Nun kommen wir auf die Untereintheilung dieser Tactarten; eine Eintheilung, welche den geraden und ungeraden Tactarten gemein ist. Jeder Tacttheil kann wieder zwey oder drey kleinere Noten in sich fassen, und diese werden sodann Tactglieder genannt. Die ganze Eintheilung der Tactarten wird demnach kurz vorgestellt, durch

gerade zweygliedrige, als $\frac{2}{2}$, $\frac{4}{2}$, $\frac{3}{4}$, $\frac{4}{4}$,

gerade dreygliedrige, als $\frac{6}{4}$, $\frac{6}{8}$, $\frac{12}{8}$,

ungerade zweygliedrige, als $\frac{3}{2}$, $\frac{3}{4}$, $\frac{3}{8}$,

ungerade dreygliedrige, als $\frac{9}{4}$, $\frac{9}{8}$.

Wenn iedes Tactglied wieder in zwey, drey oder vier kleinere Noten, wie es oft geschieht, zertheilt wird, so hat man diese nicht als neue Tactglieder, sondern blos als Vervielfältigungen des ersten anzusehen, wie denn auch, außer etwan im comischen Gesange, keine einzelnen Sylben auf diese kleinern Noten gesprochen werden. In Ansehung der innerlichen Länge und Kürze der Noten findet übrigens eben das Statt, was wegen der Tacttheile und Tactglieder schon ist erinnert worden. Die 1te, 3te, 5te, 7de, 9te 11te u. s. w. ist lang, die 2te, 4te, 6te, 8te, 10te u. s. f. ist kurz. Die künftigen Uebungsexempel sollen Gelegenheit geben sich mit diesen Tactarten genauer bekannt zu machen, und was sie, in Ansehung des Tactschlagens, Besonderes haben, soll allemal dabey angemerkt werden.

Q 3

§. 13.

§. 13.

Das folgende Exempel ist in B dur; und des weiten Umfangs
wegen, von d̄ bis c, dürfte es wohl nicht in viel andere Töne mit der
Stimme versetzt werden können, aber wohl auf dem Papiere. Es enthält
alle bisher bekannt gemachten Intervalle. In Ansehung der Tactabtheilung ist es im Viervierteltacte, der aber hier, wegen der etwas langsamen Bewegung, nach den Tactgliedern, in acht Achteln gezählt
werden muß. Die beste Art den Tact zu geben ist, wenn man die
ersten vier Achtel mit einem starken und drey schwächern Niederschlä-
gen, die andern vier aber mit eben so vielmal marqvirtem Aufheben
der Hand andeutet. Wie nun die Noten gezählt werden, so zählt
man auch die Pausen. Um mit diesen bekannter zu werden, habe
ich im Anfange, in der Mitte und am Ende ein kleines *) Ritornell im Baße angebracht. Da hier nach Tactgliedern gezählt wird,
so können auch die Sylben nach Tactgliedern untergelegt werden,
wenn es nicht Noten und Figuren verhindern, die einen ganzen
Tacttheil lang, oder noch länger sind. Die Einschnitte, wo man
Athem holen kann, sind zwischen den Sylben durch Commata
angedeutet. Zur Erläuterung dessen, was in der vierten Lection
über das Athemholen gesagt ist, merke man, daß es selbst bey punctirten, und überhaupt bey allen Noten Statt habe, welche mehr
als ein Tactglied in sich fassen, sie mögen stehen auf welchem
Tacttheile sie wollen. Nur muß die Note richtig ausgezählt werden, und kein ganzes Tactglied über dem Athemholen verloren gehen. Ein punctirtes Viertel muß bis auf das dritte Achtel gehalten, und nach diesem erst Athem geholt werden. Von einem nicht
punctirten Viertel muß man das zweyte Achtel noch hören. Es
kömmt alles darauf an, daß der Sänger in der äußersten Geschwin-

dig-

---

*) Vom italiänischen ritornare, wiederkehren, zurückkommen; weil es aus Ge-
danken besteht, die im Stücke öfters wieder vorkommen, oder darauf Beziehung
haben.

digkeit Athem schöpfen lerne. Dieß war eins von den Kunststücken des vortreflichen **Salinbeni,** der das Athemholen so zu verstecken wußte, daß man es unter zehnmalen kaum einmal gewahr ward. Eine Nothhülfe ist bisweilen das Auslassen einer kurzen Note in gewissen Figuren: doch Anfängern will ich nicht zuviel davon vorschwatzen, weil sie leicht die unentbehrlichsten Noten für Noten zum Auslassen ansehen möchten; diese Sache ist nur für Meister. In folgendem Exempel ist ein einzigesmal Gelegenheit dazu da, und wer sie findet, soll das Recht haben, sich ihrer zu bedienen.

Achte Lection.

- da me ni po tu la be da, me ni po tu, la

be da me, ni po tu la, be da me ni po tu la be, da

me ni po, tu la be da me, ni po tu la be da me

ni po tu. Da me ni

po, la la be da me ni po, da me ni po, tu

la be da me ni po, tu la - be da, me ni po tu

la be, da me - ni po, tu la be da me ni, po tu la be

da, me ni po tu la be da me, ni po tu la be, da me ni

po tu, la be da me ni po tu la, be da me ni, po tu la be

da - me ni, po tu la tu la be.

R

Neunte Lection.

Beschreibung der Septime §. 1. Ihre Anzahl und Gestalt in der harten Tonleiter §. 2.
Aus was für Intervallen sie zusammen gesetzt werde §. 3. Einige Exempel zur
Uebung der Septimen §. 4. Bisweilen geht vor der Septime die Octave her §. 5.
Entstehungsart der None §. 6. Kann auf doppelte Weise durch die Octave ge=
sucht werden §. 7. Wo sie am öftersten vorkömmt §. 8. Anmerkung zur Lehre
vom Tacte §. 9. Erklärung der Syncopation §. 10. Erläuterung eines vier=
stimmigen Canons §. 11. Erklärung dieses Worts §. 12. Uebungsexempel §. 13.

§. 1.

In der Reihe der Intervalle folgt auf die Sexte die Septime,
die wir nun etwas näher betrachten müssen. In der Harmo=
nie ist sie die Mutter aller dissonirenden Accorde, und man wird so=
gleich auf die Vermuthung gerathen, daß sie selbst eine Dissonanz
seyn müsse. Das ist sie auch in allen Gestalten, eben so wie die Se=
cunde, von welcher sie die Umkehrung *) ist. Sie entsteht, wenn
man den zwo Terzen, die zu einer Qvinte gehören, noch eine dritte,
entweder eine große oder kleine Terz zusetzt. Im ersten Falle er=
hält man eine große, im andern eine kleine Septime. Die vermin=
derte Septime gehört in die weiche Tonleiter, und wir werden sie
da antreffen.

§. 2.

Jetzt wollen wir sehen, wieviel kleine und große Septimen in
der harten natürlichen Tonleiter zu finden sind. Ich will sie mit den
dazwischen liegenden Terzen vorstellen, von denen die zweyte, wie
schon gesagt ist, gegen den ersten Ton eine Qvinte macht. Das
Auge wird die Septime leicht unterscheiden, da sie unter die Inter=
valle

---

*) Umkehrung eines Intervalls heißt, wenn man das unterste Ende oben, und das
oberste unten stellt. Z. E. die Secunde c d giebt umgekehrt die Septime d c.
Dem Sänger kann diese Lehre der Umkehrung nicht viel helfen; ich habe also nur bey=
läufig hin und wieder ihrer gedacht.

daſſe gehört, deren beyde Enden einen gleichförmigen Stand haben.
Wenn das unterſte Ende der Septime auf einer Linie ſteht, ſo ſteht
das obere gleichfalls auf einer, und zwar auf der vierten Linie.
Eben das gilt auch von den Zwiſchenräumen. Z. E.

§. 3.

Der Zuſatz einer großen Terz zur Qvinte ſoll eine große Septime, und der Zuſatz einer kleinen Terz eine kleine Septime geben.
Dem zu Folge müſſen c-h und f-e große Septimen ſeyn, weil g-h
und c-e große Terzen ſind. Die ſiebende Septime h-a ſollte aus
eben dem Grunde groß ſeyn, weil f-a eine große Terz iſt; da aber
h-f keine reine, ſondern eine verminderte Qvinte iſt, an welcher ein
halber Ton fehlt, ſo gehört die Septime h-a unter die kleinen, wie
d-c, e-d, g-f, a-g.

§. 4.

Dieſe Septimen ein wenig zu üben, will ich ein paar kleine
Exempel herſetzen. In den erſten vier Tacten des erſten und zweyten Exempels ſind lauter große, in den letzten vieren lauter kleine
Septimen, bis auf die im ſechſten Tacte, f-e, welche groß iſt, und
der Modulation wegen nicht anders ſeyn kann. Die große Septime kömmt überhaupt ſeltener vor als die kleine, am allerſeltenſten
fallend oder abſteigend. Für die kleine Septime, die unterwärts eine
verminderte Qvinte hat, und im Geſange auf- und abſteigend häufig vorkömmt, füge ich noch ein kurzes Exempel beſonders bey.
Man mache ſich nun mit dieſen Septimen auch in andern Tonleitern
bekannt.

Er.

Erſtes Exempel, mit dazwiſchen liegenden Terzen und Qvinten.

Zweytes Exempel, ohne Terzen und Qvinten.

Kleine Septime mit der verminderten Qvinte.

Vermiſchte Septimen mit abſteigenden Sexten.

§. 5.

Da die groſſe Septime einen halben Ton, die kleine aber einen ganzen unter der Octave liegt, ſo könnte auch dieſe zum Suchen derſelben dienen; doch müßte man im Treffen der Octaven vollkommen ſicher ſeyn. Gut iſt es, wenn der Sänger, in ſchweren Fällen, mehr

mehr als ein Mittel, sich zu helfen, in Bereitschaft hat, und das, was ihm nöthig ist, durch mehr als einen Weg der Uebung zu erlangen sucht. Oft geht auch wircklich die Octave vor der Septime her, wie ich indeß nur an einem einzigen Exempel zeigen will:

§. 6.

Beyde Gattungen der Septimen steigen bisweilen noch um eine Terz höher, und bringen dadurch das Intervall der None hervor, welche, nach der Octave, das erste doppelte *) Intervall ist.

Aber die Art der Entstehung oder Zusammensetzung liegt dem Sänger weniger am Herzen, als das bequemste und sicherste Mittel dieß Intervall zu treffen. Da nun in der sechsten Lection schon gesagt worden, daß die None eine durch die Octave erhöhte Secunde sey, so wird eben diese Octave wohl das bequemste Mittel darreichen, nicht allein die None, sondern alle doppelte Intervalle, die in künftiger Lection vorkommen werden, mit Leichtigkeit zu suchen, und mit Sicherheit zu treffen.

§. 7.

Dieß kann auf zwiefache Art geschehen. Wir müssen aber vorher, nach der bey den andern Intervallen beobachteten Methode,

R 3

alle

*) Man sehe s. 2. der sechsten Lection.

alle Nonen kennen lernen, die uns die harte natürliche Tonleiter an die Hand giebt.

Die Octave nun, durch deren Hülfe man am leichtesten zu diesen Nonen gelangt, kann entweder von dem untersten, oder von dem obersten Ende, entweder von der ersten oder von der zweyten Note entlehnt werden; die Secunde geht alsdenn entweder unten voran, oder wird oben beygefügt: z. E.

Oder

§. 8.

Von den Nonen wird schwerlich mehr als eine auf einmal, und immer nur aufsteigend, vorkommen. In Schlußformeln findet man sie am öftersten, folgender Gestalt:

wobey man sich noch den Unterschied zwischen der großen und klei-nen None merken mag. Man wird allemal eine kleine None haben, wenn die Secunde, die mit der Octave verbunden dieß Interval hervorbringt, eine kleine Secunde ist; eine große Secunde aber giebt eine große None. Von den beyden Nonen dieses Exempels ist dem-nach die erste eine kleine, und die andere eine große.

§. 9.

§. 9.

Und soviel von Septimen und Nonen. Nun wollen wir wieder zur Tacteintheilung zurück kehren. Ich hätte Lust gegen die allgemeine Vorstellung derselben etwas zu erinnern: da aber diese Lehre, so wie ich sie in voriger Lection vorgetragen habe, durch das Ansehen unserer besten Theoretiker unterstützt wird, so will ich in diesem
Lehrbuche ihnen gern als Vorgängern folgen, und meine Gedanken
darüber zu einer andern Zeit, an einem andern und schicklichern
Orte sagen. Was ich etwan zur Erläuterung noch hinzu zu
setzen hätte, soll bey Gelegenheit der Uebungsexempel, die nun in
verschiedenen Tactarten entworfen werden sollen, angebracht werden.
Indeß wird es hier am füglichsten geschehen können, das, was ich über
die Bindungen gesagt habe, noch mit einer Anmerkung zu vermehren.

§. 10.

Der Sänger wird in musikalischen Stücken bisweilen auf Stellen stoßen, die ihm im Zählen Mühe machen, und wider das Tactgewicht zu seyn scheinen. Dieses wird, wenn er nach Tacttheilen
zählt, immer auf die Hälfte einer Note fallen. Man nennt das
Syncopation, und die Noten, syncopirte Noten. Diese
nun haben ihren Ursprung von den gewöhnlichen Bindungen größerer Noten. Syncopationen und Bindungen sind demnach einerley.
Man sehe z. E. folgenden vierstimmigen Canon im Einklange, über
den sogleich eine Erläuterung, dem Anfänger zum Besten, folgen soll.

In kleinern Noten.

In noch kleinern Noten.

§. 11.

Es laſſen ſich bey dieſem Canon verſchiedene nützliche Anmerkungen machen. Er bleibt in dreyerley Geſtalt, wie er hier zu Papiere
gebracht worden, immer einerley. Das erſte und zweytemal gehört
er zur zweytheiligen, oder Allabrevetactart, das drittemal zum Viervierteltacte. Man könnte die erſte Art den größern, die andere aber
den kleinern Allabrevetact nennen. Nähme man in dem erſten
Exempel einen Tactſtrich um den andern weg, ſo hätte man auf dem
Papiere Vierzweyteltact; und theilte man ieden Viervierteltact,
im dritten Exempel, durch einen Tactſtrich von einander, ſo ſtünde
ein Zweyvierteltact da. Daraus ſiehet man, wie eine Tactart ſich
auf die andere gründet, und aus ihr entſpringt.

§. 12.

§. 12.

Daß das Wort Canon so viel als Regel oder Richtschnur bedeute, ist bekannt. Die Griechen belegten ihr Monochord mit diesem Namen, weil man die Größe aller Intervalle darauf genau bestimmen kann. Bey uns bedeutet es einen einfachen Gesang, der von zwey, drey und mehrern Stimmen nachahmend gesungen wird. Diese Nachahmung erfodert, daß nicht alle Stimmen zugleich, sondern hinter einander anfangen müssen; die Zeit des Eintritts einer ieden Stimme wird insgemein, über der Note, durch das Zeichen ❙ angedeutet. Die Nachahmung geschieht entweder im Einklange, und dann braucht der Gesang nicht für iede Stimme besonders hingeschrieben zu werden; sondern man bemerkt nur die Zeit des Eintritts auf vorher beschriebene Art. Die Nachahmung in andern Intervallen, als in der Secunde, Terz, Qvarte, Qvinte, Sexte u. s. w. würde den nachahmenden Stimmen schon mehr Mühe machen, daher man sie lieber ausschreibt. Herr Marpurg hat in seiner Singanweisung einige kleine, auf verschiedene Weise nachahmende, Canons von Herrn Kirnberger angehängt, und den Liebhabern solcher Kunststücke *) zu gefallen, will ich ein Paar davon hersetzen.

Canon in der Qvarte.

Canon

*) Wenn man mehr von den Canonen wissen will, kann man den Artikel Canon in Herrn Prof. Sulzers Theorie der schönen Wissenschaften nachlesen. Er rechnet sie unter die difficiles nugas des Martial. Indeß können die leichtern Gattungen, die in der Octave, Qvart und Qvinte nachahmen, für den Sänger eine nützliche Uebung, und in Gesellschaft ein gutes Vergnügen geben.

Canon in der Qvinte.

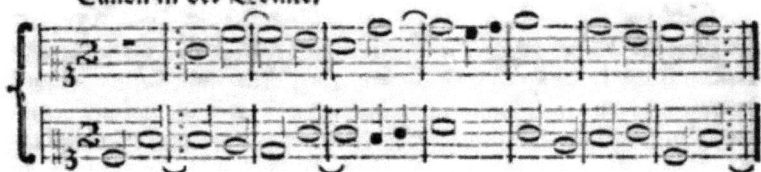

§. 13.

Und nun noch ein Uebungsexempel mit einigen Septimen und Nonen, so kurz als möglich, und in einer leichten dreytheiligen Tactart, im Dreyachteltacte, der mit dem Dreyvierteltacte von einerley Natur ist; wie man es denn auch in diese Tactart übersetzen kann, so wie man in der 7 den Lection den Dreyviertel = in einen Dreyachteltact verwandeln konnte. Im ersten, dritten und fünften Tacte des zweyten Theils kommen Verdoppelungen der Tactglieder vor: vier Noten auf einen Tacttheil, vier Zwey =und dreyßigtheile auf ein Achtel. Man erinnere sich auch, was im §. 7. der fünften Lection, und anderwärts, vom Zusammenbinden der Noten über einer Sylbe gesagt worden ist.

da me — — ni po tu la be. Da me

ni po tu la be. Da me ni po tu la

be, da me ni po tu la be; da me

— ni po tu la — be, da me — ni po

tu la be.

Zehnte Lection.

§. 1.

Die noch rückständigen doppelten Intervalle sollen uns nicht lange mehr aufhalten. Man kennt sie schon ihrer Gestalt nach aus der sechsten Lection, und die Art sie zu finden ist eben dieselbe, die wir in voriger Lection bey der None gesehen haben. Die Namen dieser noch vorzutragenden Intervalle sind: die Decime, die Undecime, die Duodecime und die Terzdecime. Alle sind, so wie die None, erhöhte Octaven von einfachen Intervallen: die Decime von der Terz, die Undecime von der Qvarte, die Duodecime von der Qvinte, die Terzdecime von der Sexte. Sie folgen daher auch den Eigenschaften dieser einfachen Intervalle, und sind entweder groß oder klein, vermindert oder übermäßig, consonirend oder dissonirend; die einzige Undecime ausgenommen, als welche in allen Gestalten eine Dissonanz ist, ob sie sich gleich auf eine Consonanz gründet.

§. 2.

Wer sie gern alle beysammen, und in ihrem Zusammenhange mit den einfachen Intervallen, oder als erhöhte Octaven derselben, sehen möchte, der vergleiche sie in folgender Tabelle mit einander.

Einfache Intervalle. Secunden, Terzen, Qvarten, Qvinten, Sexten.

Doppelte Intervalle. Nonen, Decimen, Undecimen, Duodecimen, Terzdecimen.

Die

Die Beywörter, groß, klein, vermindert, übermäßig, wird man nun wohl selbst hinzu zu setzen gelernt haben. In der Folge soll noch davon geredet werden.

§. 3.

Wir wollen nun einige **Decimen** in der Scale aufsuchen, und sodann die Art sie zu treffen darnach entwerfen. Es durch die ganze Scale zu thun, halte ich ferner nicht für nöthig. Nöthiger wäre die Anwendung auf andere versetze Scalen: ich muß es aber dem Fleiße des Lehrenden, oder der Forschbegierde des Lernenden überlassen.

werden folgender Gestalt durch die Octave gesucht:

oder

Unter diesen fünf Decimen sind die zweyte und dritte klein, weil sie von der kleinen Terz ihren Ursprung nehmen; die übrigen drey sind groß, aus ähnlichem Grunde.

§. 4.

Die **Undecimen** kommen in folgender Ordnung auf der Tonleiter zum Vorscheine.

und werden auf folgende Weise gesucht:

oder

S 3

Un-

Unter diesen ist die letzte eine übermäßige, weil sie sich auf die übermäßige Qvarte f–h gründet. Die übrigen gründen sich zwar alle auf reine Qvarten, sind aber, als Undecimen, Dissonanzen, die einen halben oder ganzen Ton unter sich aufgelöst, d. i. in eine Consonanz verwandelt werden müssen. Die übermäßige Undecime wird, wie alle übermäßige Intervalle, aufwärts gelöst, z. E.

§. 5.

Die um eine Octave erhöhten Qvinten oder **Duodecimen** finden wir in der harten Tonleiter alle rein, bis auf die, welche auf die Septime der Tonleiter fällt, als wo die verminderte Qvinte und folglich auch die verminderte Duodecime ihren Sitz hat. Ich habe dieser die erste Stelle in folgendem Exempel eingeräumt. Als Dissonanz muß sie, nach vorhin angezeigter Manier, ebenfalls um einen halben Ton abwärts resolvirt werden.

 werden so gesucht:

 oder so:

§. 6.

Die **Terzdecimen,** oder die um eine Octave erhöhten Sexten, machen endlich den Beschluß, unter den doppelten Intervallen. Es ist kein Zweifel, daß mancher Sänger, der einen sehr großen Umfang in der Stimme, dabey eine sichere Intonation hat, und der audaci coepit gaudere volatu, noch größere Sprünge wagen könne; aber weil sie nicht immer gelingen möchten, so rechne ich sie unter

die

die damnosas artes des **Ovidius**, womit nicht ieder Sänger die
Zeit zu verderben nöthig hat. Die Terzdecimen demnach melden
sich in folgender Ordnung :

Suchen kann man sie so :

oder so :

Die erste und vierte sind kleine, die zweyte und dritte große Terzdecimen, weil die Octaven der erstern mit kleinen, und die Octaven
der andern mit großen Sexten in Verbindung stehen.

§. 7.

Die meisten dieser Sprünge geschehen aufwärts; doch kommen
einige auch abwärts vor. Will man sie alle in einer Art von Cadenz, dergleichen man doch wohl bisweilen, nicht allein auf Instrumenten, sondern auch von Sängern zu hören bekömmt, beysammen
sehen, so betrachte man folgendes Muster, das ich aber keinem Sänger rathen will, wenn er in der Intonation nicht sehr sicher ist.

§. 8.

Nun werde ich meinem Sänger schon auch etwas über den Namen **Cadenz** (ital. Cadenza, franz. Cadence,) sagen müssen. Eigentlich bedeutet dieses Wort einen Schluß in der Musik; und
weil

weil dieser, wenigstens im Baße, durch das Fallen zweyer Töne be-
wirkt wird, so ist vom lateinischen cadere das barbarische Wort ca-
dentia entstanden, und in die andern Sprachen übergetragen worden. Man theilt noch heut zu Tage diese Schlüße in *vollkommene* und *unvollkommene*; die letztern werden auch **Einschnitte** genannt, weil sie nur von Zeit zu Zeit, im Laufe der Melodie, nie aber am Ende statt haben. Die vollkommnen hingegen
endigen ein Stück, oder auch einen ieden Haupttheil desselben. Sie
sind also, der Vergleichung zu Folge, die schon oben §. 16. der vierten Lection gemacht worden, das, was die Puncte in einer Rede
sind; die unvollkommnen Schlüße oder Einschnitte aber sind mit
dem Colon und Semicolon zu vergleichen.

§. 9.

Noch eine Eintheilung der vollkommnen Schlüße oder Cadenzen wird dem Sänger nicht undienlich seyn, die ihre Namen von den
vier Singstimmen entlehnen, ob sie gleich nicht immer in den
Schranken der angewiesenen Stimmen bleiben, sondern sich in allen
vermischt brauchen lassen. Es giebt so viel Arten der Schlüße, als
Stimmen sind: den Discant- α), den Alt- β), Tenor- γ), und
Baßschluß δ).

Der Altschluß kann mit der letzten Note eine Terz abwärts
steigen, auch sonst noch eins und das andere anders seyn. Ich
habe aber nicht die Lehre der Alten von den Cadenzen hier vollständig abhandeln, sondern dem Sänger nur einen allgemeinen Begriff
davon machen wollen. Der Eintheilungen waren ehemals so viele,
daß man in **Walthers** musikalischem Wörterbuche allein drey-und
zwanzig Artikel darüber findet.

§. 10.

§. 10.

In einem etwas andern Verstande wird heut zu Tage das Wort
Cadenz von denjenigen willkührlichen Veränderungen gebraucht,
welche Instrumentspieler und Sänger vor der vorletzten Note eines
vollkommnen Schlußes, aus eigener Erfindung, vorher gehen lassen.
Gegen das Ende läuft eine solche Cadenz in das Trillo über der vorletzten Note, und fällt sodann aus diesem in den Schlußton. Ob
Sänger oder Instrumentisten die Erfinder davon sind, läßt sich
wohl nicht mit Zuverläßigkeit sagen. Der Abt Raguenet indeß
schreibt, in seiner Parallele des Italiens et des François, en ce qui
regarde la Musique et les Opera *), diese Erfindung den Italiänern
zu. Daß viel Misbrauch damit getrieben, und eine Menge musikalischer Nonsens an den Tag gebracht werde, ist wohl nicht zu
läugnen. Gleichwohl, da der größte Theil der Musikliebhaber diese
kleinen Gaukeleyen liebt, und ihnen seinen Beyfall reichlich zu-
klatscht, dürften sie wohl der Mühe werth seyn, etwas genauer untersucht, und auf vernünftigere Grundsätze zurück gebracht zu werden. Ich habe mir deswegen vorgesetzt, im zweyten Theile dieses
Werks eine eigene Abhandlung über die Cadenzen einzu-
rücken. Jetzt hat der Sänger genug, wenn er weiß, was das für
Dinger sind, und daß die Stelle dazu über der dritten Note vom
Ende durch das Zeichen ⌢ bemerkt werde.

§. 11.

Es ist §. 10. der Einleitung gesagt worden, daß der Sänger
verschiedene Grade der Stärke und Schwäche in seiner Gewalt haben

---

*) Man hat davon im Deutschen eine doppelte Uebersetzung: die erste ist von Matthe-
son, und hat in dessen Critica musica den französischen Originaltext zur Seite;
die andere steht im ersten Theile der critischen Briefe über die Tonkunst. Die
hieher gehörigen Worte lauten daselbst S. 90. also: „Weit verwegener sind die Ita-
„liäner, die, ohne viel Wesen zu machen, von einem Tone oder Modo in einen an-
„dern übergehen, und doppelte und dreyfache Cadenzen von sieben bis acht
„Tacten auf solche Töne machen, die wir (die Franzosen) nicht des geringsten Tril-
„lers fähig halten würden.„

ben müsse; ich wünsche, daß man in den vorigen Lectionen daran ge=
dacht, und die Uebungsexempel bald mit starker, bald mit schwacher,
und bald mit halb schwacher Stimme gesungen haben möge, um die
Stimme zu diesen verschiedenen Graden zu gewöhnen. Man fin=
det Stücke, bey denen einer oder der andere ausdrücklich vorgeschrie=
ben ist. Der Sänger hat sich daher einige italiänische Wörter be=
kannt zu machen, die er bisweilen zu Anfange, bisweilen an einigen
Stellen in der Mitte über den Noten finden wird. A mezza voce,
heißt, **mit halber Stimme**; eben dieß bedeutet auch das sotto
voce. Beydes ist mit mezzo forte, **halb stark**, das unter den
Noten nur mit m. f. angedeutet wird, einerley. Nicht sehr verschieden
davon ist poco piano, **ein wenig schwach**, poco forte, **ein we=
nig stark**. Alle diese Wörter bezeichnen einen gewissen mittlern
Grad der Stimme, der auf einer Seite in das völlige piano, und
auf der andern in das völlige forte übergeht. Die äußersten Grade
auf beyden Seiten sind, pianissimo **aufs schwächste**, und for=
tissimo **aufs stärkste**. Alle diese Wörter werden selten über oder
unter den Noten ganz ausgeschrieben, sondern durch Abbreviatur,
bald mit einem, bald mit etlichen Buchstaben angezeichnet. Die ge=
naue Beobachtung der vorgeschriebenen Grade von Stärke und
Schwäche ist eine der vornehmsten Schönheiten in der Aufführung
eines Stücks, und der Sänger hat das Seinige eben sowohl beyzu=
tragen, als der Instrumentist. Sonst giebt man auch dem Sänger
den Rath, daß er ein Stück nicht sogleich mit voller Stimme anfan=
gen soll, damit er dieselbe nach Beschaffenheit der Umstände auch
noch zu verstärken fähig seyn möge: so wie ein Wanderer nicht
gleich im Anfange seine Schritte verdoppelt, sondern gemach anfängt,
und sodann immer stärker fortschreitet.

§. 12.

In der Erklärung der Tacteintheilung ward gesagt, daß ieder
Tacttheil, sowohl in den graden als ungraden Tactarten, in zwey
oder drey kleinere Noten, die man Tactglieder nennt, getheilt werden
könne.

könne.   Wir wollen beyde Arten in einem Beyspiele sehen, obgleich
von der zweygliedrigen Theilung schon Muster da gewesen sind.

Zweygliedrig.

Dreygliedrig.

Die dreygliedrige Theilung ins Auge fallender zu machen, setzt
man eine 3, mit oder ohne Bogen darüber, und drey solche Noten,
die auf einen Tacttheil gerechnet werden, nennt man eine **Triole.**
Zwey Triolen zusammen gehängt nennen einige eine **Sextole;**
aber zu was einen neuen Namen, wenn die Sache nichts Neues
enthält? Diesen Triolen nun haben die graden und ungraden dreygliedrigen Tactarten ihren Ursprung zu danken *). Es sey nun, daß
man sich der Mühe, immer eine 3 über die Noten zu setzen, überhe-
ben wollte, oder aus andern Ursachen: genung man streiche oben alle
3en weg, bemerke zu Anfange die Tacteintheilung mit **Sechsach-**
tel, und richte im zweyten Tacte die beyden Noten g. g so ein, daß
die erste ein Viertel, die andere ein Achtel enthält, so hat man den
leibhaften Sechsachteltact, der dem Zweyvierteltacte so ähnlich ist,
als der Sechsviertel-dem Zweyzwenteltacte. Man verwandle oben
alle Viertel in halbe Tactnoten, und alle Achtel in Viertel, so hat
man den Beweiß. Das folgende Uebungsexempel also, das im

T 2   Sechs-

*) Es wäre lustig, wenn irgend ein philosophirender Musikus gegen diese Behauptung
beweise oder beweisen wollte, daß das Ey eher gewesen sey, als die Henne. Freund !
würde ich ihm antworten, lassen sie das seyn, wie es will; nur wollen wir nicht die
Henne für das Ey, und das Ey für die Henne ansehen.

Sechsachtel geschrieben ist, könnte eben so wohl im Sechsvier=
tel stehen, oder, wenn man drey Noten immer für eine Triole rech=
nen wollte, auch mit **Zweyviertel, Zweyzweytel,** oder **C**
bezeichnet seyn.

me ni po tu la be da me ni po tu la be
da me ni. Da me ni po tu la be da, da
me ni po tu la be da, da me ni po tu la be da, da
me ni po tu la be da, da me ni po tu la be da, da
me ni po tu la be da me ni, da me ni

po tu la be da me ni, da me ni po tu

la be da, da me ni po tu la be da da me ni

po tu la be da, da me ni -

po tu la be da me - ni

- po tu la be.

§. 13.

In diesem kleinen Stücke sind außer den einfachen Intervallen auch alle doppelte, und einige mehr als einmal, enthalten. Die Grade der Stärke und Schwäche sind zum erstenmale angemerkt, um zu versuchen, ob die Stimme des Sängers sich zu verschiedenen Gradationen bequeme. Das *ff* bedeutet fortissimo, und das *pp* soviel als pianissimo. Den Tact schlage man immer viertheilig, ob es gleich nur eine zweytheilige Tactart ist, und so, wie man ihn im Anfange über etlichen Tacten mit Ziffern bemerkt findet: 1, 2 gehören zum Niederschlage, 3, 4 zum Aufschlage. In langsamer Bewegung kann man sogar iedes Achtel mit der Hand marquiren, drey im Niederschlage, und drey im Aufschlage. Daß iede Note, ihrer Geltung gemäß, richtig ausgehalten werden, und immer Ton an Ton gebunden seyn müsse, wird man sich an verschiedenen Stellen, besonders gegen das Ende, erinnern, wo noch ein Paar Bogen nicht vergebens da stehen. Das Zeichen ⌢, das uns in voriger Lection die Stelle zur Cadenz anwies, erscheint hier in einer allgemeinern Bedeutung, wo es ein Halten oder Aushalten überhaupt anzeigt, dergleichen bisweilen am Ende eines Stück's, bisweilen auch in der Mitte vorkömmt. Die Tactbewegung hört so lange auf, oder ruhet so lange, als dieses Aushalten dauert: man nennt dieß Zeichen daher ein **Ruhezeichen**; einige nennen es auch eine **Fermate**, worunter sie aber wohl mehr die Sache oder das Aushalten selbst verstehen. Die Franzosen geben ihm den Namen couronne. Man findet es auch bisweilen über kleinen Pausen, und dann fällt ebenfalls das tactmäßige Zählen derselben weg; die Stimmen fangen, nach einem kleinen Stillschweigen, nach Gutdünken wieder an. Bisweilen deutet es auch blos das Ende eines Stück's ohne Aushalten an, und in dieser Bedeutung nennt man es ein **Signalzeichen**. Einige setzen es alsdann doppelt, einmal oben, und einmal unten, um es mit der Fermate nicht zu verwechseln, und daran thun sie nicht Unrecht.

Eilf

Eilfte Lection.

§. 1.

Von übermäßigen und verminderten Intervallen find bisher nur zwey vorgekommen, die übermäßige Qvarte und die verminderte Qvinte: alle übrigen müssen wir in der weichen Tonleiter suchen. Folgende Tabelle soll uns dieselben darstellen; und wenn wiederum c moll dazu erwählt wird, so geschieht es blos des bequemern Umfangs wegen, da ohnedem nunmehro dem Sänger alle Tonleitern gleichviel seyn müssen.

§. 2.

Wegen des Gebrauchs dieser Tabelle lese man §. 3. 4. der sechsten Lection noch einmal nach. Die Intervalle, die uns aus der harten Tonleiter schon bekannt find, und hier alle wieder vorkommen, wollen wir weiter nicht berühren, sondern nur die betrachten, die uns noch unbekannt geblieben waren.

§. 3.

§. 3.

Gegen die Prime c thut sich kein einziges Intervall hervor, das nicht von oben schon bekannt wäre. Die kleine Terz, die kleine Sexte, und folglich auch die kleine Decime und Terzdecime, sind hier zwar an die Stelle der großen getreten; wir haben sie aber in der harten Tonleiter gegen andere Primen schon gehabt. Eben so ist es mit der Secunde d: denn die verminderte Quinte und Duodecime d-as sind da gewesen, obgleich in andern Stufen. Die kleine Terz es aber macht uns als Prime etwas neues bekannt. Sie findet keine reine Quinte in der Tonleiter, sondern die ihr durch das Semitonium modi h zugetheilte, ist eine übermäßige. Gegen f und g thut sich kein unbekanntes Intervall hervor; gegen as aber haben wir die übermäßige Secunde h, die bisher von ihrem Platze verdrängt gewesen, oder sich nur schüchtern auf demselben sehen lassen durfte. Die Umkehrung dieses Intervalls, oder h zur Prime genommen, bringt mit as eine Septime hervor, welche eine verminderte genennet wird. Zu eben diesem h finden wir in es noch eine verminderte Quarte; und das sind die Intervalle, die wir in der weichen Tonleiter antreffen, und als unbekannt ansehen können, alle.

§. 4.

Gleichwohl kommen im Gesange bisweilen noch eine verminderte Terz, und übermäßige Sexte vor, die wir in der chromatischen Tonleiter suchen müßten. Doch der Sänger soll sie näher haben: ich will sie ihm, wenn ich mit denen, in der weichen Tonleiter aufgesuchten, Intervallen fertig bin, als eine Zugabe bekannt machen.

§. 5.

Die übermäßige Quinte, die verminderte Quarte, die verminderte Septime, die verminderte Terz und übermäßige Sexte sollen also iezt der Gegenstand unserer Aufmerksamkeit seyn. In Ansehung ihres Standes auf dem Notenplane trifft noch alles ein, was

U   dar=

darüber in der sechsten Lection §. 6. 7. gesagt worden ist; ihre Eigenschaft des Verminderten oder Uebermäßigen muß man aus der
Natur der Tonleiter, oder aus beygefügten zufälligen Versetzungszeichen erkennen. Sie sind insgesammt harte Dissonanzen, die
einer Auflösung höchstnöthig haben: die übermäßigen in einen halben
Ton aufwärts, die verminderten in einen halben Ton abwärts.

§. 6.

Ich will sie nun nach der Reihe, so gut es sich thun läßt, in ei-
n r kleinen Scale aufstellen, und die Verdoppelungen durch die
Octave, welche aber nicht bey allen brauchbar ist, zugleich beyfügen.
Von der übermäßigen Secunde braucht weiter nichts erwähnt zu
werden, weil wir sie in den weichen Tonleitern schon sattsam kennen
gelernt haben. Also zuerst die **übermäßige Qvinte**, mit absteigenden Sexten vermischt:

Die dritte zu e ist eine reine Qvinte, weil uns eine übermäßige
zu weit vom Wege abführen würde; aus eben dem Grunde läßt
sich zu a und h, in dieser Tonfolge, keine übermäßige Qvinte
brauchen.

§. 7.

Diese übermäßigen Qvinten müssen durch die reine gesucht werden: sie liegen nämlich um einen kleinen halben Ton höher als diese.

Die Verdoppelung durch die Octave, oder die übermäßige
Duodecime möchte doch wohl bisweilen vorkommen. Der Sänger wird sich im Suchen derselben, wenn er sich der vorigen Lection
erinnert, schon zu helfen wissen: oder es könnte ihm einmal die Lust
ankom-

ankommen, die Sicherheit seiner Intonation auf folgende Art
zu zeigen.

(musical notation)

übermäßige vermindete
Duodecime. Duodecime.

§. 8.

Die **verminderte Qvarte** kömmt meistentheils nur absteigend vor, so wie die übermäßige Qvinte, von welcher sie die Umkehrung ist, nicht anders, als aufsteigend gebraucht werden kann.

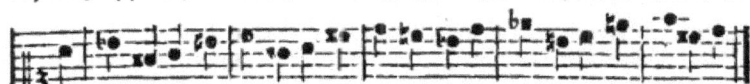

(musical notation)

In dieser Gestalt kömmt sie in einem Fugenthema des seel. Capellmeisters **Graun**, in einer seiner ältern Paßionscantaten vor.
Die Fuge ist, wo ich nicht irre, im g moll.

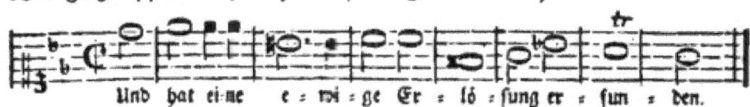

(musical notation)

Und hat ei-ne e = wi=ge Er = lö = sung er = fun = den.

Wer die verminderte Qvarte aufsteigend sehen will, kann dieses
Thema in die Gegenbewegung bringen. Z. E.

(musical notation)

Und hat ei-ne e = wi ge Er = lö = sung er = fun = den.

§. 9.

Das Suchen muß auf = und absteigend vermittelst der kleinen
Terz, und eines hinzu gesetzten großen halben Tons geschehen. Das
durch die Octave verdoppelte Intervall der **verminderten Undecime** wäre allenfalls abwärts von einem Wagehalse von Sän-

U 2   -ger

ger zu gebrauchen; aufwärts aber wäre es gewiß der Gefahr nicht
werth, die man damit läuft. Zur Uebung mag man es meinetwe=
gen damit versuchen.

§. 10.

Ein beßeres Intervall, das in der weichen Tonleiter Sitz und
Stimme hat, und sowohl auf = als absteigend öfters vorkömmt, ist
die verminderte Septime, die eine Umkehrung der übermäßi=
gen Secunde ist, und dadurch die Aufnahme derselben in die weiche
Tonleiter begünstigt. Diese Septime entstehet aus drey über ein=
ander gesetzten kleinen Terzen, und kann durch deren Vermittelung
leicht gefunden werden. Man stelle sich dieselbe als die jüngere
Schwester der kleinen Septime vor, welche aus zwo kleinen und ei=
ner großen Terz besteht. Die große Terz, sie sey nun oben, unten,
oder in der Mitte, darf nur in eine kleine Terz verwandelt werden.
Z. E.

Bey a sind lauter kleine, bey b lauter verminderte Septimen.
Ihren Gebrauch einigermaßen zu kennen, mag folgendes kleine
Exempel genug seyn, das schon einmal in anderer Gestalt da gewesen
ist. Verdoppelungen von diesem Intervalle giebt es nicht.

§. 11.

Nun die verminderte Terz und übermäßige Sexte, als Zugabe!
In der weichen Tonleiter waren sie beyde nicht: gleichwohl möchte
man

man sie in diese am leichtesten hinein tragen können. Man darf nur
bey einigen ihrer kleinen Terzen das obere Ende um einen halben
Ton erniedrigen, oder das untere Ende um einen halben Ton erhö-
ben, so hat man diese allerliebste Kleinigkeit einer **verminderten**
Terz. Z. E.

Kleine Terzen.

Verminderte Terzen.

Aufsteigend sind sie gar nicht brauchbar. Verdoppelung durch
die Octave leiden sie auch nicht; zur Uebung allenfalls kann der
Sänger sehen, ob er mit folgenden Decimen zu recht kömmt.

Bey Vorschlägen kommen sie am öftersten vor. Einige Compo-
nisten und Sänger thun sich darauf, als auf eine ausgesuchte Würze,
wodurch sie ihren Gesang piquant machen, ungemein viel zu gute.
In einer kurzen Arie aus b dur, von einem berühmten italiänischen
Componisten, kömmt folgende grössere Stelle α) dreymal, und in der
Mitte der Arie die kleinere β) noch einmal vor:

Das mag ja wohl gewürzt heissen, und recht aus einer und derselben Büchse. Ich bin gut dafür, daß der Sänger, wenn es ein-

U 3   mal

mal aufs Würzen ankömmt, die Gelegenheit bey den Haaren her-
bey ziehen wird, diesen Vorhalt wenigstens noch viermal anzubringen. O dura meſſorum ilia!

§. 12.

Aus der Umkehrung der verminderten Terz entsteht die übermäßige Sexte, von welcher ich zweifelhaft bin, ob ich sie dem
Sänger bekannt machen, oder ihn damit verschonen soll. Selten,
höchst selten *) dürfte sie ihm auf seinem Wege aufstoßen; will er
selbst, bey Gelegenheit, Gebrauch davon machen, das wird auf ihn
ankommen. Er sehe, wie sie ihm gefällt:

Als Terzdecime wenigstens wird er sie wohl nicht brauchen wollen. Das wäre ärger als arg.

§. 13.

Indeß giebt mir hier die übermäßige Sexte, zu einer dem Sänger nützlichen Anmerkung, Gelegenheit. Wenn man die Intervalle
nach der Zahl der dazwischen liegenden halben Töne untersucht, so
findet sich, zwischen Intervallen von ganz verschiedenen Namen, eine
gleiche Anzahl von halben Tönen; z. E.

Der große halbe Ton	a - b	ist gleich	dem kleinen halben Tone	a - ais	2 halbe Töne.
Die große Secunde	cis - dis	——	der verminderten Terz	cis - es	3 ——
Die große Terz	h - dis	——	der verminderten Qvarte	h - es	5 ——
Die übermäß. Qvarte	h - eis	——	der verminderten Qvinte	h - f	7 ——.
Die übermäß. Qvinte	c - gis	——	der kleinen Sexte	c - as	9 ——
Die große Sexte	cis - ais	——	der verminderten Septime	cis - b	10 ——

Und so findet sich die Gestalt der Sache auf allen Stufen der
enharmonischen Tonleiter. Einige von kleinern Namen sind sogar
grö-

*) Rouſſeau sagt im Dictionnaire de Muſique ausdrücklich, daß diese Sexte in
der Melodie nie gebraucht werde. Es thut mir leid, daß dieses Stück der Zugabe dem Sänger so wenig nütze ist. Nun wenn es nur mit andern Stücken dieses
Werks nicht auch so geht.

größer, oder enthalten mehr halbe Töne, als die Intervalle von größern Namen: So zählt die übermäßige Secunde c-dis vier, und die verminderte Terz cis-es nur drey, die übermäßige Serte c-ais eilf, und die verminderte Septime cis-b nur zehn halbe Töne. Auf diesen Umstand, und daß wir einen ieden Ton der Musik in zweyerley, ja gar dreyerley Gestalt ausüben, wie man von der dritten Lection her wissen wird, gründet sich die schon einmal erwähnte enharmonische Verwechselung der Tenarten, die in der Melodie, oder in der Hauptstimme, bisweilen durch den schleunigen Uebergang von xen zu ben, oder umgekehrt, sichtbar wird, bisweilen aber auch nur durch die unerwartete Wendung der Harmonie sich offenbart. Hier ist ein Beyspiel von der einen und der andern Art:

§. 14.

§. 14.

Diese enharmonischen Uebergänge oder Verwechselungen kommen am öftersten in begleiteten Recitativen vor. In diese Classe gehört das ietzt angeführte zweyte Exempel, welches daher ganz langsam gesungen werden muß. Die enharmonische Verwechslung der be mit ien geschieht im 4ten Tacte, in der begleitenden Mittelstimme, wo in der Harmonie die kleine Septime b-as mit der übermäßigen Sexte b-gis verwechselt wird. Das erste Exempel ist aus dem ersten Chore der im Druck bekannten vortreflichen Passionscantate: Der Tod Jesu. Gleich in dem darauf folgenden Recitative kommen noch zwey solche Stellen vor: das erstemal eine Verwechselung des des dur mit cis dur, oder ein Uebergang aus den ben in die xe; das anderemal eine Verwechselung des dis dur mit es dur, oder ein Uebergang aus den xen in die be. Besonnenheit, Kenntniß der Tonarten, und Tonfestigkeit sind einem Sänger in solchen Fällen höchst nöthig.

§. 15.

Ueber die Tactart des folgenden Uebungsexempels habe ich nicht nöthig viel zu sagen. Man erinnere sich, daß der Neunachtel im Grunde nichts weiter, als ein Dreyvierteltact ist; man richte sich auch im Tactgeben darnach, daß man die ersten zwey Viertel oder sechs Achtel mit dem Niederschlage, die übrigen drey aber mit dem Aufschlage marqvire. Wegen der Eintheilung in Tactglieder, 3 gegen 1, findet alles das Statt, was in voriger Lection, bey Gelegenheit des Sechsachteltacts, gesagt worden ist. Den ziemlich aus der Mode gekommenen Neunvierteltact wird sich ein Sänger, wenn er ihm ja aufstoßen solte, durch Vergleichung mit dem Neunachtel schon zu erklären wissen. Zu was so viele Tactarten, wenn wir mit wenigern eben das ausrichten können? Die Sylben sind nach einer willkührlichen Verbindung oder Trennung der Noten auf verschiedene Art, untergelegt; in keiner andern Absicht, als den Sänger zur Aufmerksamkeit zu gewöhnen.

Da me - ni po tu la la - be da me ni po tu la be da

me - ni po - tu la be, da me ni po tu -

- la be da me ni po tu la be da me ni po tu

la be da - me mi po tu la be da me ni - po

tu la be da me ni po tu la be da me ni po tu la be da

me ni po tu - la be da me - ni po tu

la be da me ni pa tu - la be - da me ni

po - tu la be da - me ni po tu - la

be - da me ni pa - tu la be da me ni po ta la

be - da me ni pa tu la be da me ni po

tu la be da me ni po tu la be da me ni

po tu la bedame ni po tu la be da, me ni po

tu la be da me ni po tu la be da me ni po tu la be da me

ni po tu la be da me ni po tu la be da me ni po

tu la be da me ni po tu la be da me ni po tu la be.

Zwölfte Lection.

§. 1.

Jch glaube nun von allem, was zum **Treffen** im Gesange erfodert wird, hinlänglichen Unterricht gegeben zu haben. Es ward mit vier leichten Tönen der Anfang gemacht. Dieses erste Tetrachord bekam bald ein zweytes zur Begleitung, und daraus ward eine Scale. Der Sänger lernte, außer der Benennung mit Buchstaben, ganze und halbe Töne, oder große und kleine Secunden, darinne unterscheiden. Alle übrige Intervalle, mit ihren Eigenschaften, bis auf die Terzdecime, sind ihm nach und nach bekannt gemacht, und in kleinen Exempeln zur Uebung vorgelegt worden. Die nicht minder wichtige Lehre, von der Geltung der Noten, und den verschiedenen Tacteintheilungen, ward gelegentlich damit verbunden, und auch von dieser ist nicht viel mehr übrig, was der Sänger nicht in einem praktischen Exempel gesehen und geübt hätte. Das ist das zweyte und dritte Stück der im Anfange dieses Werks zum musikalisch schönen Gesange erfoderten vier Stücke.

§. 2.

Das letzte oder vierte Stück, welches von dem **Nachdrucke** und der **Zierlichkeit** im Gesange handeln soll, ist, bis auf etwas weniges, was hie und da in diesem Werke beyläufig davon vorgekommen, noch zurück, und sollte nun der Gegenstand dieser und der folgenden Lectionen seyn. Ich sehe aber hier ein so weitläuftiges Feld vor mir, daß ich für dießmal es mit dem Sänger zu durchwandern mir nicht getraue. Das meiste verspare ich demnach auf ein eigenes Buch, das unter dem Titel: **Anweisung zum musi-**

kalisch-

kalisch = zierlichen Gesange, diesem bald folgen soll, und das
man als den zweyten Theil davon anzusehen hat. Hier will ich nur
soviel davon abhandeln, als einem jeden gründlichen Sänger zu wissen nöthig ist, der nur Beruf hat, dem Genüge zu leisten, was ihm
auf dem Blatte vorgelegt wird, und der, wie z. E. in der Kirche,
nicht auftritt, um bewundert oder beklatscht zu werden, sondern nur
das Seinige zum schönen Ganzen rechtschaffen beyzutragen. Einem solchen Sänger ist die Bekanntschaft mit der italiänischen Sprache, die Lehre von den Cadenzen, von den willkührlichen Auszierungen oder Veränderungen eines Gesanges entbehrlich; aber nicht
dem Sänger im Concerte, oder auf dem ernsthaften Theater.

§. 3.

Ich hätte demnach diese Lection mit der Ueberschrift: Von
den Manieren, so wie die folgende mit dem Titel: Von den
Passagien, versehen können, wenn dergleichen Ueberschriften in
diesem Buche eingeführt wären. Die *) Manieren, die hieher gehören, begreife ich unter den beyden Benennungen der Vorschläge und der Triller. Die Vorschläge theilen sich in veränderliche und unveränderliche. Von den veränderlichen ist schon
in der siebenden Lection zur Gnüge gehandelt worden, und alles daselbst Gesagte paßt auch hier auf die unveränderlichen, bis auf den
einzigen Umstand, daß sie sich nicht zur Hälfte in die Zeit der folgenden Note theilen, sondern mit einem sehr kleinen Theile derselben
zufrieden seyn müssen. Im Schreiben pflegt man sie durch ein kleines Sechzehntel anzudeuten, und es ist am besten, wenn man ohne
Unterschied, vor was für Noten sie auch zu stehen kommen, dabey
bleibt. Man sehe, wie sich diese kleinen Vorschlagsnötchen neben
größern Noten ausnehmen!

X 3

*) Die besten Abhandlungen, die man über diese Materie in musikalischen Büchern an-
trift, sind in Herrn Bachs Versuche, über die wahre Art das Clavier zu spielen, und
in Herrn Agricolas übersetzter Anleitung zur Singkunst.

Nun so häufig pflegt man sie eben nicht zu schreiben; sondern in diesem Falle thut man besser, wenn man mit vollgültigen Noten schreibt, wie gesungen werden muß.

§. 4.

Man sieht übrigens aus diesem Beyspiele, daß diese Vorschläge so wohl von unten als von oben, in Stufen und in Sprüngen ange= bracht, auch mit Versetzungszeichen versehen werden können. Sie blei= ben immer was sie sind, eine kurze Aufhaltung einer darauf folgenden Note, es mag nun eine allein, oder mehrere in eine Figur verbunden, darauf folgen. Bey Triolen indeß muß man sich hüten, daß man diese dreygliedrige Figur nicht viergliedrig mache, und z. E.

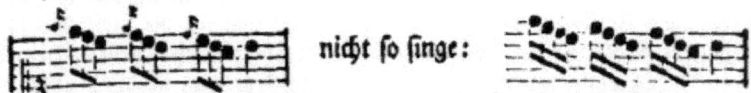

nicht so singe:

Dieses würde nicht einmal gut seyn, wenn die Figur so stünde:

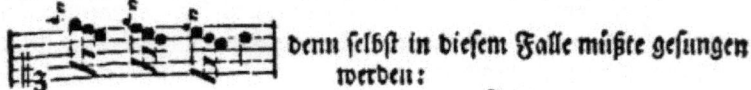

denn selbst in diesem Falle müßte gesungen werden:

Triolen aber so:

§. 5.

§. 5.

Wenn man beyde Vorschläge, die einer Note von unten und oben gegeben werden können, zusammen nimmt, so entsteht daraus der **Doppelvorschlag.** Dieser enthält insgemein einen Terzensprung; und wenn man die übersprungene Note mitnimmt, so erhält man den so genannten Schleifer.

Doppelvorschlag.　　　Schleifer.

Diese Manieren müssen eben so schleunig, als die unveränderlichen Vorschläge, mit der Hauptnote verbunden werden, und dieselbe nie um ein ganzes Tactglied aufhalten. In der Ausübung muß demnach auf folgende Art verfahren werden.

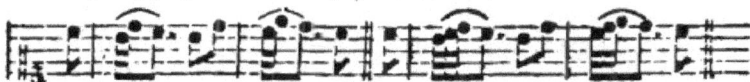

§. 6.

Man muß aber mit diesen Vorschlägen die so genannten Nachschläge nicht verwechseln. Wenn jene immer auf die folgende Note fallen, so werden diese dagegen in die Zeit der vorhergehenden Note gezogen. Besser ist es, wenn man sie als wirkliche Figuren schreibt. Z. E.

anstatt

anstatt

§. 7.

Vom Trillo oder Triller ist schon in der ersten Lection geredet worden. Man wird wissen, daß es eine oftmalige geschwinde Abwech=

wechselung zweyer Töne ist; daß es mit einem ganzen oder halben
Tone gemacht werde; daß es mit oder ohne Nachschlag gewöhnlich
sey, da man es denn im ersten Falle ein ganzes, im andern aber ein
halbes Trillo, oder wenn es kurz und schnell geschlagen wird, einen
Pralltriller nennt. Beym ganzen Triller wollen wir uns
nicht länger aufhalten. Der halbe oder Pralltriller, der mit dem
Zeichen ⁀ über der Note angedeutet werden sollte, von den wenig=
sten Componisten aber angemerkt zu werden pflegt, gehört vornehm=
lich über Noten, die einen veränderlichen Vorschlag von oben her,
oder eine diesem gleichgeltende volle Note, vor sich haben; z. E.

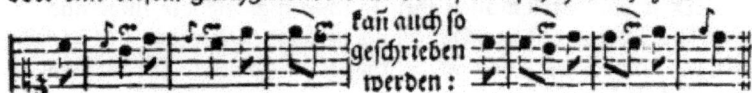

In der Ausübung nun sieht es so aus:

§. 8.

Was der Pralltriller bey Vorschlägen oder Vorhalten von oben
ist, das ist der **Mordent** bey Vorschlägen oder Vorhalten von un=
ten. Sein Zeichen, das ebenfalls von den meisten Componisten
nicht viel angemerkt, vielleicht auch nicht immer richtig verstanden
wird, ist ein durchstrichenes ✛. Er muß scharf und feurig gemacht
werden, und so wenig seine Figur zu bedeuten scheint, so viel Glanz
giebt er dem Gesange.

§. 9.

§. 9.

Bey dem allen muß man sich hüten, daß man nicht mit den Zierrathen zu verschwenderisch sey, am allerwenigsten zu viel von einerley Art, und an Orten anbringe, wo sie nicht hin gehören. Man
würde dadurch den Gesang nicht selten entkräften und undeutlich machen: **Reinigkeit und Deutlichkeit** aber sind die ersten
Schönheiten des Gesanges, und der Musik überhaupt; alle andere Auszierungen müssen diesen nicht Abbruch thun, sonst sind sie
wahre Verunstaltungen. Der Sänger, der ieden aushaltenden Ton
in einen Triller verwandelt, ist gewiß schlecht unterrichtet, und muß
noch nicht erfahren haben, was ein messa di voce für eine Schönheit ist.   Im §. 14. der vierten Lection ist eine Beschreibung davon
gegeben, und hier mag ein Exempel stehen, womit man sich noch
üben kann, wenn es nicht bisher schon geschehen ist.   Man kann damit auf doppelte Art verfahren.   Man fängt schwach an, läßt den
Ton an Stärke wachsen bis der dritte Tact eintritt, da man ihn sodann wieder abnehmen läßt, und mit der natürlichen Stärke der
Stimme im vierten Tacte fortsingt.   Das Aufschwellen des Tons
kann auch bis in den vierten Tact fortgesetzt, und das Abnehmen
ganz übergangen werden.

Da - - me ni po ta la be.

Hier würde gewiß ein Trillo eine sehr üble Wirkung
thun. Es giebt aber auch noch andere Fälle, wo es besser ist dem
Trillo auszuweichen, als eins zu machen. Bey Einschnitten, wenn
deren viele von einerley Art vorkommen, ist es besonders nöthig, um
eine unangenehme Einförmigkeit in den Auszierungen zu vermeiden.

Y

Ein

Ein einfacher Vorschlag a), ein sogenannter Halbzirkel b), ein Dop=
pelschlag, der im Schreiben durch das Zeichen — angedeutet wird, und
vom Halbzirkel nur durch eine feurigere Ausführung unterschieden
ist c), ein Halbzirkel mit einem vorstehenden Vorschlage d), sind Zier=
rathen, unter denen der Sänger nur wählen darf, und welche öfters
mehr Wirkung thun, als das feinste Trillo.

Einschnitt.   a   b   c   d

§. 10.

Den Trillerfreunden zur Schadloshaltung will ich noch ein
Paar Worte von der catena dei trilli (**Trillerkette**) sagen. Die
Töne derselben müssen einander stufenweise, auf‑ oder absteigend, fol=
gen, ieder Ton bekömmt ein scharfes, auch wohl mit einem Nach=
schlage versehenes Trillo. Man findet diese Ketten bald eine ganze,
bald eine halbe Octave lang, manchmal auch wohl noch länger.
Das Zeichen tr muß über iedem Tone stehen, der ein Trillo haben
soll. Wenn heut zu Tage der Sänger lieber eine andere Figur an
die Stelle setzt, so mag das wohl eine andere Ursache haben, als daß
diese zusammen geketteten Triller aufgehört haben schön zu seyn. In
den Arien der Herrn Hasse und Graun kommen sie häufig vor,
und es wäre kein gutes Zeichen für die Musik, wenn man den
Gesang dieser Männer zu den veralteten Schönheiten rechnen
wolte. Der angehende Sänger wird wohl thun, wenn er diese Tril=
lerketten fleißig übt, und dabey auf Reinigkeit in den Tonstufen, und
eine gleiche Schärfe der Triller Achtung giebt. Er kann sie mit und
ohne Nachschlag üben, ob es gleich besser ist, daß dabey der Nach=
schlag weggelassen werde.

§. 11.

§. 11.

Ueber den Werth der Noten und Pausen in gewissen Tactarten muß ich hier noch eine Anmerkung beybringen. Der Zwölfachtel= tact ist eine viertheilige Tactart, und dem Viervierteltacte gleich, ob= gleich iedes Viertel desselben nicht zwey, sondern drey Achtel enthält. Mit diesen Augen sieht man ihn an, wenn man Töne aufzuschreiben hat, die einen ganzen oder halben Tact lang sind. Eine ganze Tact= note gilt hier eben so zwölf Achtel, wie sie im Viervierteltacte acht Achtel gilt. Auch die halbe Tactnote kann auf diesen Fuß behan= delt werden, und so auch die ihnen gleichgeltenden Pausen. Es bedarf keines Punctes bey diesen beyden Noten; und selbst im Sechs= achteltacte kann eine halbe Tactnote gar wohl, ohne Punct, für zwey punctirte Viertel stehen; denn daß die Viertelnoten mit einem Puncte versehen werden müssen, daran ist kein Zweifel. Wenn ei= nige im Sechsachteltacte eine halbe Tactpause anstatt einer punctir= ten Viertelpause setzen, so ist das eben so unschicklich, als wenn sie statt eines punctirten Viertels eine halbe Tactnote setzen wollten. Ueberhaupt fehlt es in der musikalischen Zeichenlehre hin und wieder noch an genugsamer Bestimmung. Um alle Mißbräuche zu heben, ist es nicht genug, daß einer, oder der andere, die Sache besser einsieht: ein musikalischer Reichs = oder Landtag wäre dazu nöthig; bis wir den erleben, wird nun wohl ein ieder seiner Weise folgen, und der Anfänger muß unterdeßen nur suchen, von allem hinlängliche Kennt= niß zu haben. Das folgende Uebungsexempel lege ich ihm im Zwölf= achteltacte vor. Ich habe es nach vorbeschriebener Art, oder wenn man lieber will, nach meiner Weise notirt. Wem diese nicht gefällt, der mag immerhin jeder ganzen und halben Tactnote einen Punct beysetzen, wenn man sie nur richtig auszählt. Das messa di voce im Anfange und in der Mitte wird man nun wohl gehörig anzugrei= fen wissen. Zur Abwechselung, und zur Uebung zugleich, könnte man wohl dem Sänger, an einem oder dem andern Orte, ein= mal ein Trillo erlauben; zumal wenn er in Ansehung des crescendo

und

und mancando eben so verfahren wollte, als mit dem messa di voce. In Ansehung des Tactschlagens verhält man sich wie bey dem Vier=vierteltacte.

tu la - be da me ni po tu la be da me ni po tu
la - be da me ni - po tu la be da
me ni po tu la - be. Da
- - - - me ni po tu la be da me ni
po tu la be - da me ni po - tu la be

da me ni po tu la be da me ni   po tu la be da
– me ni po tu la   be da me ni po – tu la be
da me – ni po tu   la be da me ni po tu la be da me –
– ni po tu la – – be da me ni po tu la be da me ni
po tu la be da me   ni po tu la be da me   ni.

Drey=

Dreyzehnte Lection.

§. 1.

Das italiäniſche Wort Paſſaggio iſt ſchon längſt in die deutſche Sprache, und nicht von den Muſikgelehrten allein, herüber genommen, und ſeiner urſprünglichen Bedeutung gemäß gebraucht worden. Man ſchreibt es im Deutſchen nur mit einem g, mit oder ohne i, und verwandelt das o in e: Paſſagie, oder Paſſage. In der Muſik wird es, im allgemeinen Verſtande, von gewiſſen kurzen auffallenden Stellen gebraucht, die ſich leicht dem Gedächtniſſe eindrücken, und die man eben ſo behält, wie merkwürdige Stellen aus einem Buche; im beſondern Verſtande aber braucht man es von allen willkührlichen Auszierungen des Geſanges, welche aus gewiſſen melodiſchen Figuren ihren Urſprung nehmen. In dieſem Verſtande werden die Paſſagien dem ſimpeln Geſange entgegen geſetzt, und bringen eigentlich dasjenige hervor, was man Variiren in der Muſik nennt. Es iſt hier nicht meine Abſicht, die Kunſt des willkührlichen Veränderns zu lehren; ich verſpare dieſe Materie bis auf den zweyten Theil dieſes Werks. Da aber zum Singen der Paſſagien viel Sicherheit der Intonation, und eine ſehr geläufige Kehle, mit einem Worte, viel Uebung erfodert wird, ſo iſt es billig, daß hier verſchiedene Gattungen ſolcher Paſſagien dem Sänger vorgelegt, und zur fleißigen Uebung empfohlen werden.

§. 2.

Aus gewiſſen melodiſchen Figuren nehmen dieſe Paſſagien ihren Urſprung: es iſt daher nöthig, vorher ſich mit dieſen Figuren bekannt zu machen, um die vorkommenden Paſſagien verſtehen und zergliedern, oder künftig auch ſelbſt dergleichen, zu willkührlicher

Aus-

Auszierung des Gesanges, erfinden zu können. Vorläufig merke man, daß wenn zwey, drey, vier und mehr Noten in einer solchen Figur beysammen sind, eine davon die Hauptnote, die andern aber Nebennoten heissen.

§. 3.

Ich will nun diese Figuren mit den Benennungen, die ihnen Herr Marpurg, in dem schon oft angeführten kleinen Buche, giebt, erklären, und in Noten vorstellen. Den ersten Platz mag die Syncopation oder Rückung einnehmen. Es ist schon an einem andern Orte dieses Werks davon geredet worden, und der Sänger wird ohngefehr schon wissen, daß sie nichts anderes, als die Wiederholung der vorhergehenden Note in der halben Zeit der folgenden Note ist. Wenn diese Wiederholung ohne erneuerten Anschlag, und im Aushalten geschieht, so ist das die eigentliche Syncopation, die mit den Bindungen einerley ist. Man sehe, wie folgende vier Noten auf doppelte Weise syncopirt vorgetragen werden können:

Erste Art.   Zweyte Art.

§. 4.

Auf diese Syncopationen gründet sich die Tonwiederholung. Sie kann ebenfalls auf doppelte Art geschehen. Für den Sänger ist die, welche mit der ersten Art der Syncopation überein kömmt, die bequemste und beste; die zweyte, die man einen Schwärmer oder Rauscher nennt, ist mehr für Instrumente: doch kömmt sie auch bisweilen in Arien vor; ja einige Sänger scheinen ein eigenes Privilegium gehabt zu haben, Passagien mit ihrer Kehle zu machen, die ihnen ein anderer nicht so leicht nachmacht. Die ehemalige berühmte Sängerin Astrua in Berlin war in dieser Art stark, wie man aus den für sie geschriebenen Arien der Graunischen Opern sehen kann. Es fällt mir auch eine hieher gehörige Stel-

Stelle aus einer Arie von **Trajetta** ein, die ich hier mit beyfügen will. Die Noten mögen nun erklären, was ich gesagt habe.

Trajetta.

Erste Art. Zwepte Art.

§. 5.

Auf die Syncopationen gründet sich auch das so genannte tempo rubato der Italiäner. Im Deutschen nennt man es **Tonverziehung**, und diese besteht entweder in der Vorausnahme a) der folgenden, oder dem Aufhalten b) der vorhergehenden Noten; z. E.

§. 6.

Die **Tonverbeissung** bestehet darinne, daß man die Note theilt, die erste Hälfte pausirt, und nur die zweyte anschlägt. Im Grunde läuft sie mit der Syncopation oder dem tempo rubato auf eins hinaus. In einer Hassischen Arie wechselt sie mit der Syncopation folgender Gestalt ab:

i va pal-pi - tan ——— de

§. 7.

Wenn man von einer Note zu einer andern entferntern alle
der Scale gemäß dazwischen liegende Tonstufen mit berührt, so
heißt das ein Läufer. Diese Läufer, oder laufende Figuren, kommen im Gesange auf- und absteigend sehr häufig vor; dem Umfange
nach findet man sie von einer halben bis auf zwo volle Octaven.
Sie geschwind, und doch jeden Ton rund und deutlich heraus zu bringen, erfodert immer viel Uebung. Hier sind Beyspiele von verschiedener Art. Hauptsächlich hat man darauf zu sehen, daß immer die
Hauptnoten, die erste von vieren, vollkommen rein sey, wie sie denn
auch einen kleinen Druck oder Absatz verträgt. Ich habe sie zu dem
Ende mit einem Striche bezeichnet. Vier solche Noten werden am
besten so vorgetragen: die erste etwas verstärkt; die zweyte, als mit
einem Bogen an die erste gezogen; die beyden folgenden etwas ab-
gestoßen.

§. 8.

§. 8.

Ein Paar andere Figuren, die Walze a) und der Halbzirkel b), sind einander ziemlich ähnlich. Sie bestehen beyde aus vier Noten, nur mit dem Unterschiede, daß bey jener die erste und dritte Note, bey dieser aber die zweyte und vierte auf eben derselben Stufe stehen. Beyde sind übrigens sowohl auf = als absteigend gewöhnlich.

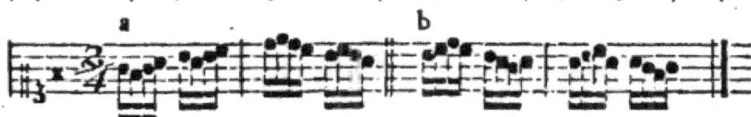

§. 9.

Noch eine andere Figur, die Brechung, (arpeggio) entsteht, wenn einer Note einige oder alle harmonische Nebennoten beygefügt werden. Die Instrumente haben sich erst lange allein dieser Figur bedient; aber nun hat sie in dem heutigen Gesange so überhand genommen, daß man öfters eine Violin = oder Claviersonate zu sehen glauben könnte, wenn man nicht aus den untergelegten Worten überzeugt würde, daß es eine Arie sey. Man muß die Fertigkeit der Kehle eines Sängers allerdings, noch mehr aber seine Kühnheit bewundern, der, jenem Wagehalse gleich, im Feuer auf flammenden Balken *) reitet, und mit Bränden, wie mit Bällen spielt: traurig aber ist es, wenn die ganze Schönheit des Gesanges in dergleichen difficiles nugas (um mich dieses vom Martial entlehnten Ausdrucks noch einmal zu bedienen) gesetzt, und das Ausdrückende, das Rührende desselben mit Gleichgültigkeit angesehen wird. Ob nun gleich der Sänger noch auf ganz andere Dinge zu sehen, als nur große Passagien zu singen hat, so kann ihm doch eine Fertigkeit in diesen niemals schädlich seyn. Eine biegsame Kehle ist allemal ein Vortheil, der auch dem Adagiosänger zu statten kömmt. Es sollen ihm demnach Passagien von allerley Art vorgelegt werden, deren fleißige

Z 2

Uebung

*) Zachariä Phäton, im ersten Gesange.

Uebung er sich angelegen seyn lassen wird, ohne iedoch zu glauben,
daß sie der vorzüglichste Theil des Gesanges sind. Vorher muß ich
ihn aber noch mit den Arpeggiaturen oder Brechungen näher bekannt machen.

§. 10.

Diese Brechungen können zwey, drey und vier Noten in einer
Figur vereinigen, wovon eine die Hauptnote, und die andern die in
die Harmonie gehörigen Nebennoten sind. Die dreygliedrigen Figuren sind meistens Triolen, und die Schönheit des Vortrags besteht darinne, daß alle Noten recht egal heraus gebracht, und weder
auf der ersten noch dritten Note einiger Aufenthalt verspürt werde.
Auch punctirte Noten können in diesen gebrochenen Figuren vorkommen.

§. 11.

Nun die **Passagien,** in dem Verstande, wie wir sie hier nehmen, da sie nichts als willkührliche Auszierungen oder Veränderungen eines einfachen Gesanges, in gewissen dazu tauglichen Stellen
sind, und entweder vom Componisten vorgeschrieben, oder vom
Sänger, nach Anleitung des vorgelegten Gesanges, erfunden werden, gründen sich entweder auf eine Art dieser Figuren allein, oder
werden aus verschiedenen vermischt zusammen gesetzt. Ohne mich
bey

bey Erklärungen länger aufzuhalten, will ich lieber einige Gattungen von Paſſagien herſetzen, und den einfachen Geſang, worauf ſie
ſich beziehen, voraus ſchicken.   Nach Beſchaffenheit der Umſtände
kann ieder Tact auch bis auf drey und vier, in geſchwinden Tactarten, ausgedehnt werden.

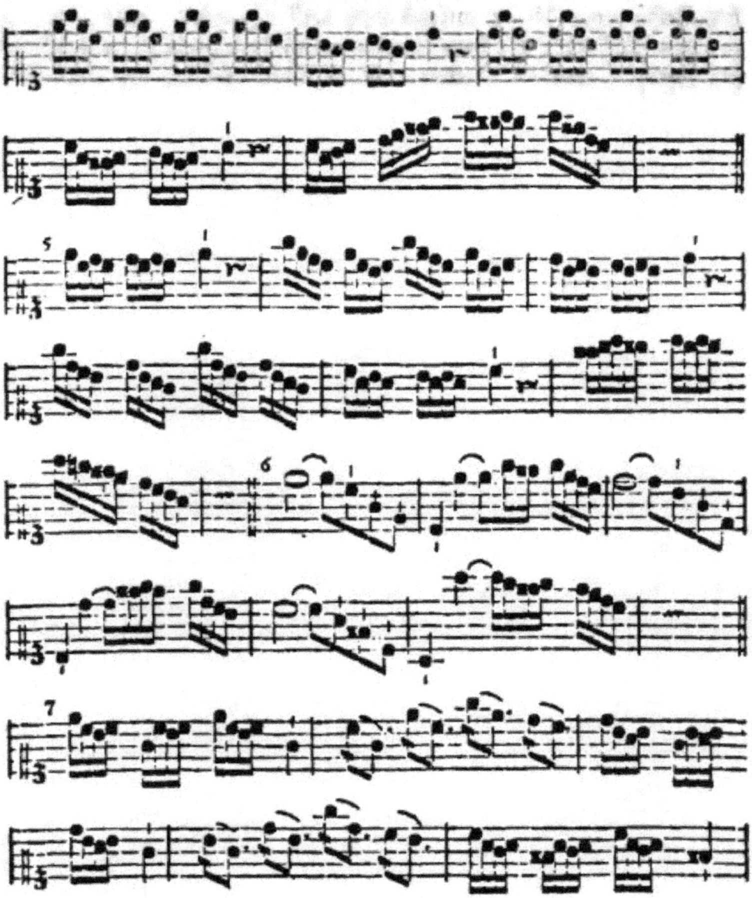

§. 12.

Diese Passagien nun lasse sich der Sänger zur täglichen Uebung empfohlen seyn, wenn ihm daran gelegen ist, in dieser Singart einige Stärke zu haben. Sie dürfen nur mit einem reinen und hellen a, das weder in ein o noch z übergeht, gesungen werden. Anstatt des Uebungsexempels will ich noch aus verschiedenen Arien berühmter Componisten einige Stellen hersetzen, die das vollends ergänzen, was ich über die Passagien noch hätte sagen können. Man wird nemlich auf Stellen stoßen, die nichts als Veränderungen des harmonischen Accordes, oder der Scale sind. Der Gang der Harmonie ist von dem obigen auch verschieden; ich habe daher eine bezifferte Baßbegleitung beygefügt.

Hasse

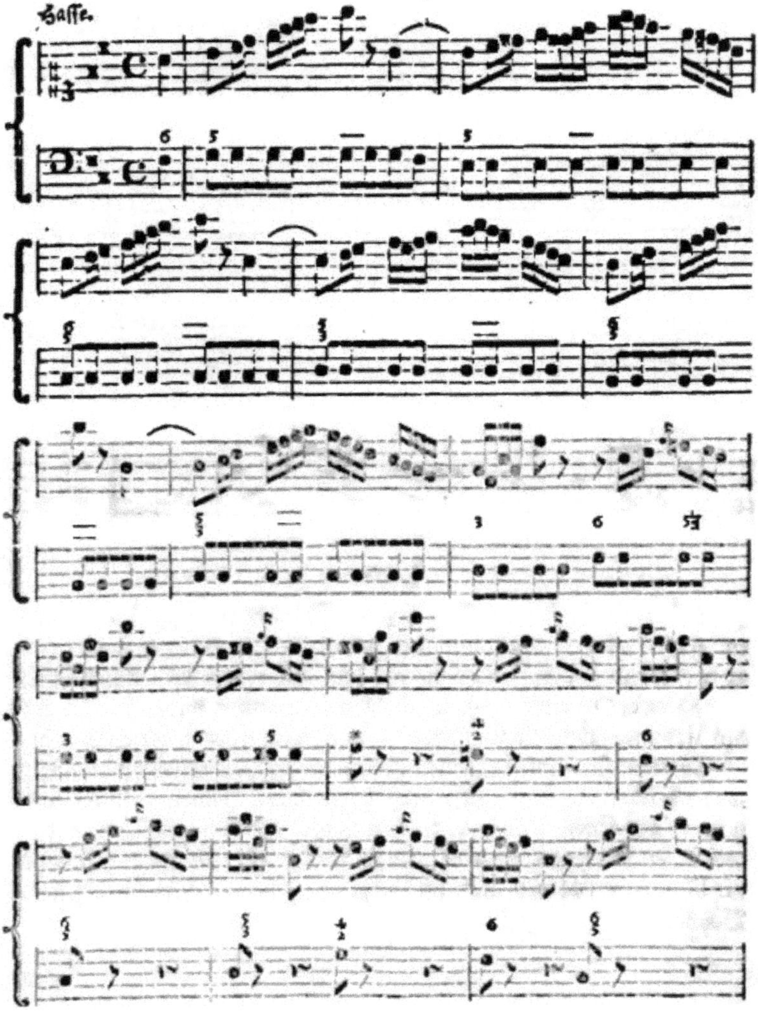
Hasse.

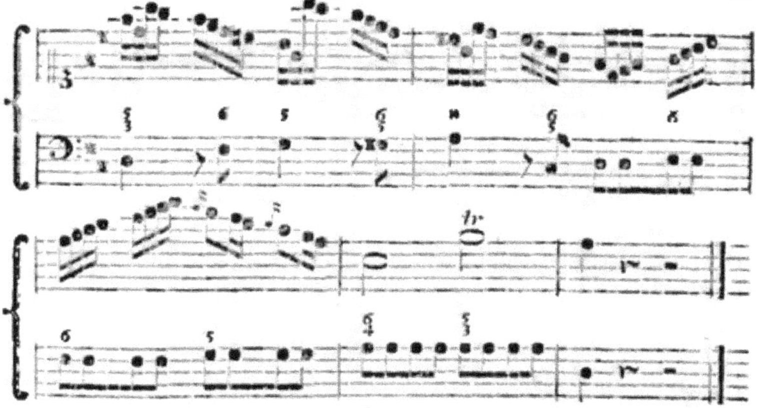

Idem.

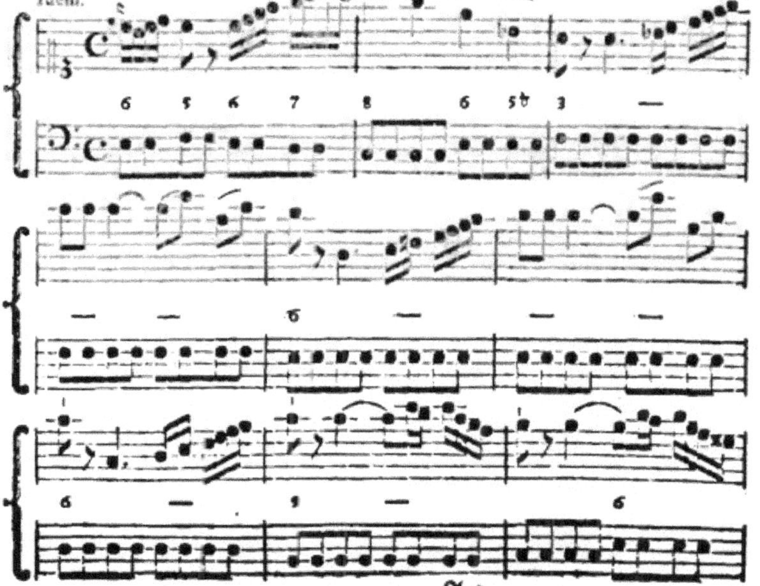

Graun.

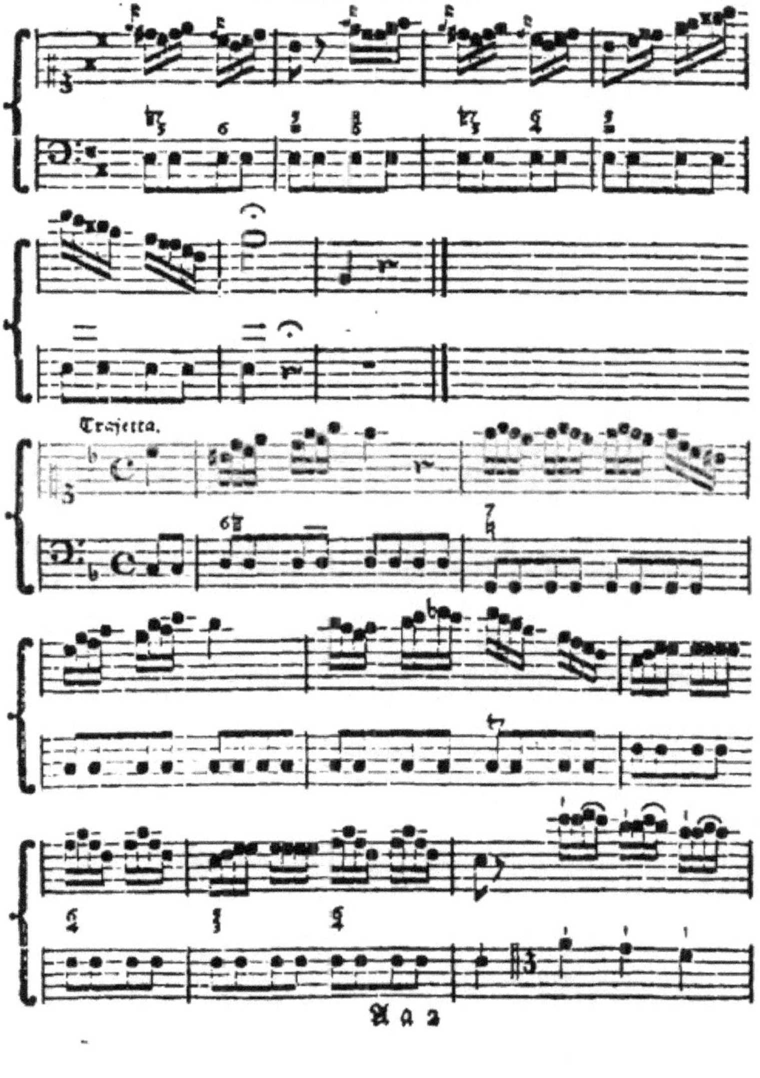
Trajetta.

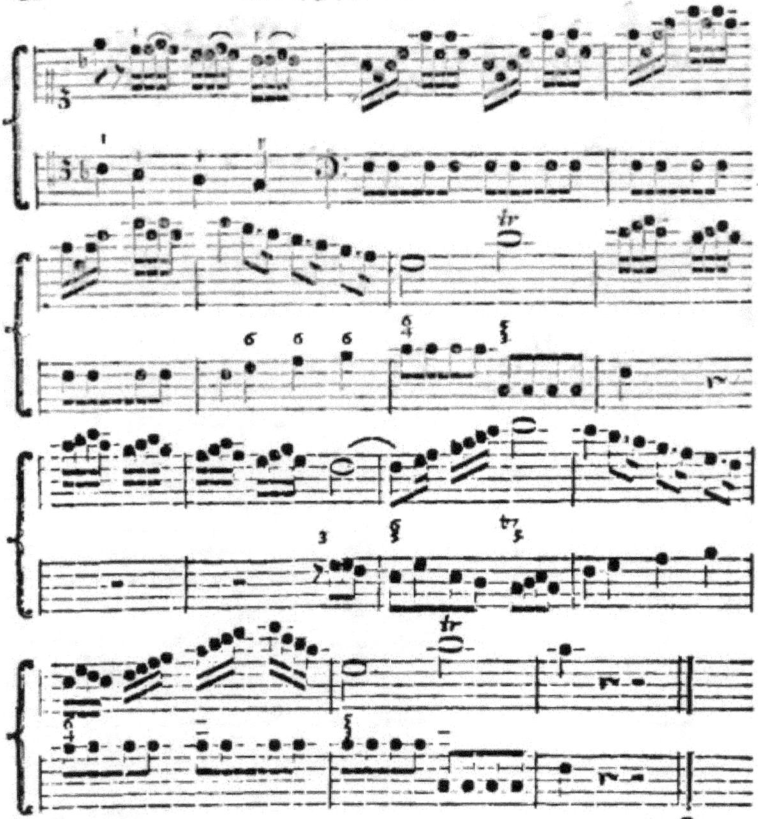

Idem.

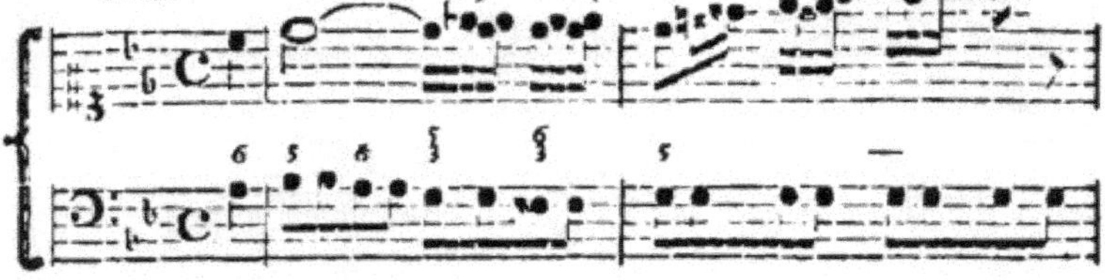

Wegen der Passagien, die eine bloße Veränderung der Scale, oder einiger stufenweise fortschreitenden Töne sind, merke man sich noch folgendes Exempel.

Vier=

Vierzehnte Lection.

Sylben sind nicht zum Benennen der Töne, aber wohl als eine Vorbereitung zum Singen der Worte gut §. 1. Zwischen diesen Sylben und ordentlichen Worten ist ein Unterschied §. 2. Logikalische und grammatikalische Kenntnisse werden zum Verstande eines musikalischen Textes erfodert §. 3. Sprachen, worinne gesungen wird §. 4. 5. Jeder Text ist entweder prosaisch oder poetisch §. 6. Gleichgültige Sylben. §. 7. Sylbenfüße. §. 8. Anmerkung für den Sänger, wegen der langen und kurzen Sylben. §. 9. Vom syllabischen und melismatischen Gesange. §. 10. Was Metrum und Rhythmus sey. §. 11. Vom Recitative. §. 12.

§. 1.

Seit den Zeiten des Ut re mi fa sol la ist über die Nothwendigkeit und den Nutzen dieser oder anderer Sylben zum Gesange mancher Streit geführt worden. Otto Gibelius, Cantor zu Minden, gab darüber im Jahre 1659 einen eigenen Tractat *) heraus, in welchem er den Gebrauch der Sylben, des Sprechens wegen, weil doch ohne Worte nicht gesungen zu werden pflegt, für nöthig erklärt. Wenn immer nur von der Uebung im Sprechen wäre geredet worden, so möchten allerdings die Sylben mit einigem Scheine vertheidigt, und den blossen Buchstaben, womit wir die Töne benennen, vorgezogen worden seyn; Aber Guido Aretinus, und seine Anhänger, brauchten sie auch zum Benennen der Töne, und in welche Mühseligkeiten sie damit geriethen, da sie zu sieben Tönen nur sechs Sylben hatten, davon ist oben schon etwas erwähnt worden. Andere suchten sich die Sache zu erleichtern, indem sie eine siebende Sylbe hinzu thaten, oder überhaupt andere Sylben erfanden; aber alle wandten sie zum Benennen der Töne an. Denn wenn sie blos des Sprechens wegen wären erfunden wor-

---

*) Der ganze Inhalt steht, nach damaliger Mode, auf dem Titel, und das macht ihn zum Abschreiben zu lang. Man kann ihn in seinem ganzen Umfange, nebst einem ausführlichen Auszuge aus dem Werke selbst, in Mizlers musikalischer Bibliothek, im 3ten Theile des ersten Bandes, finden.

worden, hätten sie wohl etwas mehr Wahl und Ueberlegung erfo=
dert, weil in allen diesen Sylben weder alle Vocale, noch die noth=
wendigsten Consonanten enthalten sind. Was für einen schlechten
Nutzen das Ut re mi fa sol la auch auf dieser Seite habe, wird einem
ieden, bey einer geringen Untersuchung, sogleich in die Augen fallen.
Die Graunischen Sylben, die ich bey einigen Uebungsexempeln un=
ter die Noten gebracht habe, empfehlen sich dagegen vorzüglich, weil
durch dieselben ein Sänger nicht nur alle Vocale rein und deutlich
sprechen, sondern auch die so leicht zu vermischenden Consonanten
unterscheiden lernt. Zur Benennung der Töne habe ich sie nie an=
gewandt wissen wollen, sondern sie stehen als Text unter den Noten.

§. 2.

Wie diese Sylben, oder wie die Worte eines Textes richtig mit
den Noten verbunden werden müssen, darüber werde ich in dieser Le=
ction noch einige Anmerkungen zu machen haben. Zuförderst be=
rühre ich, im Vorbeygehen, den Unterschied, der sich zwischen diesen
Sylben, und den Sylben ordentlicher Wörter findet: Jene endi=
gen sich alle mit einem Vocale; diese aber haben öfters einen und
mehr Consonanten am Ende. Was in Ansehung der Aussprache
dabey zu beobachten sey, ist in der Einleitung zu diesem Werke aus=
führlich genug gesagt worden. Die Sylben Da me ni po tu la be
habe ich auf eine sehr einförmige und leichte Art, mehrentheils nur
in Beziehung auf das Tactgewicht, untergelegt; der Sinn der Wor=
te aber, oder die Beschaffenheit einer Melodie, erfodert öfters ganz
ein anderes Verfahren. Die Sache scheint zwar keine große
Schwierigkeit zu haben, weil die Wörter, so wie sie zu den Noten
gesprochen werden sollen, genau unter denselben stehen müssen: aber
elend ist der Sänger, der von seinem Texte immer nichts vor Augen
hat, als die Sylbe, die unter der Note steht, die er ietzt singt. Bey
aller Richtigkeit des Unterlegens, wenn der Schreiber nichts verse=
hen hat, und der Sänger nichts verfehlt, bleibt immer noch etwas
übrig

übrig, wofür dieser sorgen muß, ehe er zu singen anfängt: Einsicht
in den Verstand der Worte, und selbst in die metrische Beschaffenheit derselben, sind ihm eben so nöthig, als Fertigkeit in der Musik.
Wird nicht ein ieder daraus sogleich den Schluß machen, daß ein
Sänger seinen Text vorher durchlesen, mit Verstande durchlesen
müsse?

§. 3.

Den Sinn der Worte, (vorausgesetzt, daß sie in einer dem Sänger verständlichen Sprache sind), zu fassen, die Empfindungen zu erkennen, die darinne ausgedrückt werden, darzu werden logikalische
Kenntnisse, oder was noch besser ist, gesunder Menschenverstand erfodert. Ein offener Kopf, ein empfindsames Herz, womit die Natur einen Menschen begabt, sind zum Gesange, so wie zu den andern schönen Künsten, eine glückliche Anlage. Mit diesen versehen,
wird ein Sänger leicht in den Verstand der vorhabenden Worte ein-
dringen, sich leicht in die darinne enthaltenen Empfindungen verse-
tzen, und dieselben durch die schicklichste Art des Vortrags, und
durch die angemessensten Nüancen der Stimme ausdrücken. Wenn
zur völligen Bemeisterung eines Textes hingegen auch grammatikalische Kenntnisse erfodert werden, so muß man sich nicht schmeicheln,
daß man sie unter den angebohrnen Talenten finden werde. Der
Unterschied langer und kurzer Sylben zwar ist so gewiß in dem Gefühle eines ieden Menschen gegründet, und ieder Sprache so wesentlich,
daß man zweifeln könnte, ob ein Volck menschliches Gefühl habe,
oder ob seine Sprache wirklich eine Sprache sey, das diesen Unterschied nie empfinden, oder nie einräumen will: aber mit der Kenntniß, oder dem natürlichen Gefühle kurzer und langer Sylben allein, ist es auch nicht ausgerichtet. Ehe ich mich genauer darüber
erkläre, will ich vorher einige allgemeinere Eigenschaften der
Worte, die durch den Mund eines Sängers gehen sollen, in Betrachtung ziehen.

§. 4.

§. 4.

Die Sprache selbst, worinne gesungen werden soll, wird zuerst die Aufmerksamkeit des Sängers auf sich ziehen. Ist es seine
Muttersprache, nun so ist er in seiner Heymath, wo er sich leicht zu
finden weiß; ist es aber eine fremde Sprache, so gehört allerdings
einige Sprachgelehrsamkeit dazu, wenn er seinem Berufe Genüge leisten, und mit Verstande singen will. Die lateinische Sprache,
die itzt bey allen Nationen unter die todten Sprachen gehört, ob
gleich in verschiedenen europäischen Ländern so ein gewisses Quasi-
Latein, mit unter, und im Nothfalle, gesprochen wird, kömmt in der
Kirche, bey Missen, beym Sanctus, Magnificat, Te Deum, Mise-
rere, und andern Chorgesängen häufig vor; und in unsern evangelischen Kirchen, wo der Chorgesang durch die Schulen bestellt wird,
muß es mit der Sprache keine Gefahr haben, da acht bis zehn Jahre lang ein Schüler kein wichtiger Geschäft kennt, als Latein zu lernen. Auf einigen Schulen hat man auch sogar Motteten in grie-
chischer Sprache; aber für wen? am besten ist es, wenn man sie
ungesungen läßt. Die italiänische Sprache herrscht auf den Thea-
tern, und in Concerten oder Academien, aus dreyerley Ursachen:
weil sie die bequemste zum Gesange ist; weil sie die Muttersprache
derjenigen Nation ist, die noch immer die besten, oder doch wenigstens die meisten Sänger zieht, und in alle europäische Reiche ver-
sendet; und weil man endlich den größten Vorrath von Sachen für
die menschliche Stimme in dieser Sprache antrifft. Es ist daher einem ieden, der aus dem Gesange sein Hauptgeschäft machen will, zu
rathen, sich mit der italiänischen Sprache bey Zeiten bekannt zu machen. Den Weg zur Erlernung derselben zu verkürzen, oder auch
einen Sänger, der nicht Gelegenheit hat, sie in ihrem ganzen Umfange zu studieren, doch dahin zu bringen, daß er seinen Text gehörig lesen, und nothdürftig verstehen könne, will ich im zweyten
Theile dieses Werks das Nothwendigste der italiänischen Sprach-
lehre in einem eigenen Capitel vortragen, so wie ich mich dazu, ver-

B b   möge

möge der Ankündigung dieser Singanweisung im Meßcatalogo, anheischig gemacht habe.

§. 5.

Zur Vertheidigung der deutschen Sprache habe ich nicht Lust hier noch viel zu sagen, nach dem, was ich schon in der Einleitung §. 25. u. f. gesagt habe. Man tadele sie noch so sehr, man vergrößere ihre Unbequemlichkeiten so viel man will; aber man erlaube dem Deutschen nur, was man dem Italiäner, dem Franzosen, dem Engländer erlaubt, daß er gern in seiner Muttersprache singt, und singen hört. Da ich für Deutsche schreibe, so werden auch die meisten Anmerkungen, die ich in dieser Lection zu machen gedenke, vornehmlich die deutsche Sprache angehen, und durch Beyspiele aus derselben erläutert werden. Die Anwendung auf andere Sprachen wird sich leicht von selbst machen lassen, so bald man mit ihnen nur hinlänglich bekannt ist. Daß die französische Sprache auch auf deutschem Grunde und Boden gesungen wird, könnte allenfalls den in Verwundrung setzen, der die Schwachheit der meisten sogenannten Deutschen, ihren Kaltsinn gegen das einheimische Gute, und die kleinmüthige Vergötterung alles Ausländischen, es mag mittelmäßig oder schlecht seyn, nicht kennt. Eigentlich sollte französisch nur von Franzosen gesungen, und nur von Franzosen gehört werden.

§. 6.

In welcher Sprache nun aber auch gesungen werden soll, so ist der Text entweder in Prosa, oder in Versen. Die Beobachtung kurzer und langer Sylben ist in beyden Gattungen gleich nothwendig. Die Prosodie bedient sich, zur Bezeichnung dieses Unterschieds, eines graden Strichs —, bey einer langen, und eines halben Zirkels ∪, bey einer kurzen Sylbe. Ehe ich diese Materie weiter verfolge, will ich den Sänger noch einmal zu der Anmerkung zurück führen, welche am Ende der zweyten Lection ist gemacht worden. Jede lange Sylbe muß auf einem langen, und jede kurze auf einem kurzen Tacttheile oder Tactgliede stehen. Die aus

dem

dem Werthe der Noten ins Auge fallende Gleichheit derselben hebt diesen Unterschied zwischen lang und kurz in den Tacttheilen oder Tactgliedern eben so wenig auf, als die gleiche Anzahl der Buchstaben in zwoen Sylben: ja die lange Tacttheilnote kann gegen die kurze sogar um den halben Werth, auch wohl um zwey Drittel geringer seyn, ohne daß die natürliche Quantität der Sylben dadurch aufgehoben würde.

Un ser keiner lebt ihm selber. ist in Ansehung der Quantität so

richtig, als: *Un-ser keiner lebt ihm selber.* Auch gegen Folgendes

ist nichts einzuwenden: *Unser keiner lebt ihm selber.*

In dem bekannten Stabat mater des Pergolesi kömmt viel von dieser Art vor.

§. 7.

Außer den kurzen und langen Sylben giebt es noch andere, die man gleichgültige nennt, weil sie sowohl lang als kurz gebraucht werden. Dahin gehören die letzten Sylben der drey- und viersylbigen Adjectiven: göttlicher, ewiger, beweglicher u. s. w; ingleichen die meisten einsylbigen Wörter. Doch solte mit den einsylbigen Substantiven, als: Gott, Mensch, Heil, Glück, u. s. w. eine Ausnahme gemacht, und diese von den Dichtern nie anders als lang gebraucht werden.

§. 8.

Aus zwey, drey und mehrern auf einander folgenden Sylben entstehen Sylbenfüße, deren wir eine gute Anzahl kennen müß-

ten, wenn man sie alle aus der lyrischen Poesie der Griechen und
Römer in die neuern Sprachen herüber tragen, und unsere lyrischen
Verse in ihre Fesseln zwingen wolte. Einige unserer berühmtesten
deutschen Dichter haben von den griechischen Sylbenmaaßen den
glücklichsten Gebrauch gemacht; aber ihre Oden müssen alsdann
blos gelesen, und nie gesungen werden, weil der ganze Bau derselben zerstöhrt würde, wenn man sie nach unserer Art, nach der
Rhythmik der heutigen Musik, sänge; oder weil der Gesang unsern
Ohren zu seltsam klingen würde, wenn man dabey nach der Rhythmik der Alten verfahren wolte. Die heutige Musik macht nur von
drey Sylbenfüssen Gebrauch, und sucht die andern *) alle in diese
aufzulösen. Der eine ist der dreysylbige **Dactylus**, in welchem
die erste Sylbe lang, die zweyte und dritte kurz ist, z. E. Aergerniß,
Heiligung. Die beyden andern sind der Jambus und der Trochäus, und noch kann man diese beyde für einerley ansehen. Denn
wenn der Trochäus aus einer langen und kurzen Sylbe besteht, z. E.
schlafen, leben, so ist der Jambus nur ein umgekehrter Trochäus,
der die kurze Sylbe vor die lange setzt, z. E. Gefahr, verlobt; ja in
der Verbindung mehrerer Jamben in einem Verse wird der Musikus sie nicht anders als Trochäen behandeln, und der Zuhörer sie
nicht anders als Trochäen empfinden. Der Mühe, tiefer in diese
prosodischen Lehren einzudringen, kann der Sänger gar wohl über-
hoben seyn, weil das, was er in Ansehung ihrer zu beobachten hat,
der Componist schon vor ihm beobachtet haben muß.

§. 9.

Was von dem Sänger allein abhängt, ist, daß er die langen
Tactnoten immer so lang aushält, als es die Eintheilung des Zeitmaaßes

*) Wer sie nach ihren Gestalten und Namen alle zu kennen Lust hat, findet sie in
Herrn Marpurgs Anleitung zur Singcomposition, auf der 156sten u. f. Seite.

maaßes erfodert, wenn nicht etwann das Bedürfniß des Athemho-
lens die Abkürzung einer solchen Note nothwendig macht.　Er thut
so gar wohl, wenn er der langen Tactnote bisweilen einen Punct
zusetzt, und diesen an der folgenden Note fehlen läßt; das ist, wenn
er die lange Note noch um die Hälfte verlängert, und die folgende
kurze Note um die Hälfte verkürzt.　Die Declamation gewinnt dabey, und der Gesang wird belebter.　Im Recitative ist am öftersten Gelegenheit dazu da, auch ist es hier am meisten nöthig, weil
sonst der Gesang sehr einförmig und schleppend werden würde, indem immer nicht mehr als eine Note zu einer Sylbe da ist.

§. 10.

Man nennt den Gesang, wenn zu ieder Note eine Sylbe gesprochen wird, syllabisch; von solcher Art sind, außer dem Recitative,
unsere Choralgesänge.　Diesem ist der melismatische Gesang
entgegen gesetzt, wenn zwey, drey und mehr Noten auf eine Sylbe
gesungen werden.　Ju Arien, Chören, Motteten u. d. g. kommen
beyde Arten vermischt vor.　Der Nahme Melisma bezeichnet daher so wohl eine aus verschiedenen Noten zusammengesetzte Figur,
als auch eine durch viele Tacte hindurch dauernde Reihe verschiedener solcher Figuren, wozu im Texte nur eine einzige Sylbe vorhanden ist.　Das letztere nennt man im Deutschen eine Sylbendeh-
nung, und diese sind es alsdann hauptsächlich, wo dem Sänger Gelegenheit gegeben wird, sich mit Läufern, Sprüngen, Arpeggiaturen, kurz mit Passagien, dergleichen man in voriger Lection gesehen
hat, hören zu lassen.　Daß diese Sylbendehnungen nur bey langen
Sylben Statt finden, ist schon gesagt worden; daß dazu aber auch
ein im Texte besonders hervorstechendes und bedeutendes Wort genommen werden müsse, ist mehr der Componisten als der Sänger
wegen nöthig zu erinnern.　Diese singen, was ihnen vorgelegt wird,
und jene sollten ihnen nichts vorlegen, was nicht die Prüfung des
guten Geschmacks und der gesunden Vernunft aushält.　Wie es in
diesem Stücke in manchen deutschen, und den meisten italiänischen
Compositionen aussehe, werden die am besten wissen, die viel der-

Bb 3

gleichen zu hören Gelegenheit haben, und nicht allein die Ohren, sondern auch den Verstand bey der Anhörung zu Rathe ziehen. Gewisse Lieblingswörter, die wenigstens ein a bey sich führen, als mar, naufragar, risuonar, Lagrimar (bisweilen lustig genug ausgedrückt), scheinen im Contracte der italiänischen Componisten und Dichter zu stehen, und geflissentlich ausbedungen zu seyn, um dem Ohre das zu ersetzen, was man dem Verstande abbricht. Den deutschen Componisten will es so gut nicht werden; entweder sind ihre Dichter nicht so gefällig, als die italiänischen, oder ihre Sprache ist nicht geschmeidig genug. Man hilft sich indeß, so gut man kann. Bey Gelegenheitsmusiken, die heute gehört, und morgen vergessen werden, nimmt man es so genau nicht; auf dem Theater haben wir, wegen Mangel der Sänger, noch nicht große Thaten thun können; und aus der Kirche könnten alle lange, bunte und gekräuselte Sylbendehnungen lieber wegbleiben.

§. 11.

Ich habe im Vorigen ein paarmal der Rhythmik erwähnt, und ich glaube dem Sänger eine Erläuterung darüber schuldig zu seyn, daß er wenigstens weiß, was er sich dabey denken soll; denn die vollständige Lehre vom Rhythmus gehört für den Componisten. Das Wort **Rhythmus** ist der Musik besonders eigen, und die Alten setzten die ganze Gewalt der Musik in denselben, wie aus der nicht sehr alten Abhandlung des Isaac Vossius, de poematum cantu et viribus Rhythmi, bekannt ist. In der Poesie wird dieß Wort ebenfalls gebraucht, und man versteht nichts anderes darunter, als was wir im Deutschen in einem Gedichte eine metrische Zeile nennen. Da nun in deutschen Versen immer Zeile mit Zeile gereimt wird, so sieht man leicht ein, wie sich der Mißbrauch hat einschleichen können, es durch Reim zu übersetzen. Die Sache läßt sich nun am besten durch Vergleichung erklären; denn man kann sagen: der Rhythmus sey in der Musik eben das, was eine metrische Zeile in der Poesie ist. So wie eine solche metrische Zeile aus einer gewissen

wissen Anzahl von Sylbenfüssen besteht, so bestehe der Rhythmus
aus einer gewissen Anzahl von Tacten, die für das Ohr einen eben
so vollständigen Sinn haben müssen, als die Zeilen eines Gedichts
für den Verstand haben sollten.   Die Tacte bekommen sodann eine
Aehnlichkeit mit den Sylbenfüßen, oder mit dem Metro in der Poesie; denn man sagt in der Musik eben so: ein Zweyer, Dreyer,
Vierer, Fünfer, das ist, ein Rhythmus von zwey, drey, vier, fünf
Tacten, wie man in der Poesie ein zwey- drey- vier- fünffüßiger
Vers sagt. Eine weitere Ausführung dieser Materie, die noch allerhand Dunkelheiten hat, wäre hier überflüßig. Soviel kann man indeß
merken, daß unter den Rhythmen, nach den Vierern, die Dreyer die besten sind.   Die Zweyer sind gespaltene Vierer; die Fünfer
können zur Abwechselung mit unter gebraucht werden: denn auch
in diesem Stücke ist die Mannigfaltigkeit besser, als eine gezwungene Einförmigkeit.

§. 12.

Vom Recitative habe ich dem Sänger noch nichts gesagt, und
er muß es doch nothwendig kennen, da es in der Kirche, auf dem
Theater, und in allen Gelegenheitscantaten vorkömmt.   Es dient
nicht allein zur Verbindung der Arien, und zur Fortführung der
Handlung, wenn eine dem abzusingenden Stücke zum Grunde liegt,
sondern scheint auch erfunden zu seyn, um den Sängern und Spie-
lern, zwischen den Arien, eine kleine Erholung zu verstatten, oder mit
seiner schwachen und ruhigen Begleitung das Volle und Feurige der
Arie zu contrastiren.   Denn daß es ursprünglich mehr eine Rede,
als einen Gesang habe vorstellen sollen, erkennt man sogleich aus
dem Namen desselben, der von dem lateinischen recitare, hersa-
gen, erzählen, entstanden ist.   Der Eintheilung nach unterscheidet man es in das begleitete und unbegleitete.   Das letzte ist
es eigentlich, das mit dem Namen und der gegebenen Beschreibung am meisten überein stimmt; doch läßt sich von Zeit zu Zeit ein
Grundton hören, der auf besaiteten Baßinstrumenten kurz abgestri-

chen,

chen, auf einem Clavierinstrumente aber mit vollen Accorden angeschlagen wird, um den Sänger im Tone zu halten, und die Wendungen der Harmonie deutlicher zu machen, welche hier fremder
und kühner seyn können, als in andern musikalischen Ausarbeitun-
gen. Daß die enharmonischen Uebergänge im Recitative, besonders im begleiteten, wie zu Hause gehören, habe ich in der eilften
Lection schon gesagt; im unbegleiteten sind sie für das Gehör zu
kahl, und für den Sänger zu gefährlich. In beyden indeß ist eine
Bekanntschaft mit den ungewöhnlichsten Tonarten, die mit den meisten Kreuzen oder Been bezeichnet sind, höchstnöthig, weil der Gesang oft in dieselben verschlagen wird.

§. 13.

Die begleiteten Recitative, wozu nicht allein alle besaitete, sondern auch bisweilen die blasenden Instrumente eines Orchesters angewandt werden, gehen in der Art der Begleitung selbst von
einander ab. Entweder sind es lang aushaltende Harmonien, die
durch zwey, drey und mehr Tacte hindurch dauern, oder es sind
kurze Anschläge dieser Harmonien zwischen den Einschnitten der re-
citirenden Stimme, welche bisweilen in kleine Figuren ausgedehnt,
oder wohl gar als ordentliche Ritornelle bearbeitet werden. Die
letzte Art ist bey den italiänischen Componisten sehr beliebt; aber
meistentheils findet man auch, außer der Geschicklichkeit des Componisten, sehr wohlklingenden Nonsens zu machen, weiter nichts
daran zu bewundern. Die erste Art der Begleitung nennen die
Franzosen Recitatif accompagné, und die andere Recitatif obligé,
weil hier die Instrumente gleichsam verbunden sind, dasjenige weiter auszuführen, was ihnen die Singstimme vorsang. Man siehet
von selbst ein, daß es einem feurigen Geiste leicht begegnen könne,
sich hier in Ausschweifungen zu verliehren, die den Zuhörer mehr
von dem Zwecke der Rührung abführen, als demselben näher bringen. Wenn auf ein solch begleitetes Recitativ eine Arie oder Duett
folgt, so nennt man es eine Scene, weil es insgemein ein Monolog

oder

oder Dialog in einem Stücke ist, mit dessen Endigung sich auch eine
Scene endigt. In der Oper Antigono, ingleichen in der Artemisia,
von Hassen, trift man gegen das Ende des dritten Acts ein Paar
vortrefliche monologische Scenen an. Im Attilio Regolo sind deren zwey, von denen die zweyte ganz am Ende der Oper mit dem
Chore, Onor di questa sponda, den Beschluß macht. Ein nicht sehr
bekannter Componist Zoppis hat in einer seiner Opern, Vologeso,
eine solche Scene, die sich anfängt: Berenice, ove sei, die eine große Wirkung thut, und, bis auf einige Kleinigkeiten, meisterhaft ist.
Im Deutschen kann man aus Grauns Tode Jesu das erste Recitativ mit der darauf folgenden Arie hieher rechnen, und gegen das
Ende dieses Oratoriums ist die Cavatine: Es steigen Seraphim von
allen Sternen nieder, nicht minder vortreflich. Ueberhaupt sollte
diese Art von Recitativen in der Kirche fleißiger gebraucht werden;
aber dann müßten auch die Dichter mehr thun, als fromme
Prose in matte Reime zwingen. Es gehört viel mehr Affect,
oder wenigstens ein höherer Grad desselben, und eine weit erhabnere
Declamation dazu, als zu dem gemeinen oder unbegleiteten Recitative, welches in der Kirche von sehr geringer Wirkung ist, zumal
wenn es ohne Verstand, ohne Nachdruck und Würde gesungen
wird. Ueber die Art nun, wie das Recitativ gesungen werden müsse, werde ich mich noch zu erklären haben.

§. 14.

Das Recitativ wird im Viervierteltacte aufgeschrieben, und so,
daß keine größern Noten, als Viertel, darinne statt haben, wenn
nicht ein besonderer Ausdruck bisweilen ein längeres Aushalten eines
Tons erfodert. Die Vermischung der Viertel, Achtel und Sechzehntel ist zwar zur richtigen Vorstellung des Tactes auf dem Papiere nöthig, darf aber vom Sänger so streng nicht beobachtet werden, daß er die Sechzehntel noch einmal so geschwind, oder die Viertel noch einmal so langsam als die Achtel singen müßte; sondern alle
Noten werden fast in gleicher Bewegung, oder kurz zu sagen, es

C c   wird

wird ohne Tact gesungen. Im begleiteten Recitative kommen indeß bisweilen Stellen vor, die der Begleitung wegen nicht anders
als tactmäßig vorgetragen werden können, und in der Parthie des
Sängers mit dem Worte a tempo angemerkt seyn müssen ; aber
auch hier muß sich der Sänger hüten, daß er nicht zu fest an den
Noten klebe. Das tempo rubato, das öftere Punctiren einer langen Tactnote kann hier mit Vortheil gebraucht werden. Im Ganzen genommen muß der Tact streng beobachtet werden, aber in den
einzelnen Theilen desselben muß es der Sänger zu verstecken wissen.
Das Gefühl einer guten Declamation der Worte, die richtige Beobachtung aller kleinern und größern Einschnitte, aller prosodischen
und rhetorischen Accente, sind das Wesentlichste des guten Vortrags
im Recitative. Den langen Tactnoten, es mögen Viertel, Achtel
oder Sechzehntel seyn, fleißig einen Punct zugesetzt, macht diese
Accente fühlbarer, und verhindert, daß der Vortrag nicht ins
Schleppende fällt.

Von andern Zierrathen des Gesanges erlaubt das Recitativ
nur wenig: Ganze Triller gar nicht, Pralltriller höchst selten, Mor-
denten nur bisweilen. Vorschläge hingegen sind gut, und öfters
dem Sänger, der im Treffen nicht fest genug ist, eine große Hülfe.
Bey allen absteigenden Terzen kann der dazwischen liegende Ton,
als Vorschlag, mit der folgenden Note verbunden werden. Bey
drey oder vier aufsteigenden Secunden kann der letzten ein Vorschlag
von oben gegeben werden. Bey aufsteigenden übermäßigen Quarten, welche im Recitative oft vorkommen, kann ein aus dem untern
Tone und dessen Quinte bestehender Doppelvorschlag vorher gehen.
Alle diese Vorschläge werden größtentheils zu den unveränderlichen
gehören; veränderliche, oder die sich in den Werth der Note zur
Hälfte, und über die Hälfte theilen, finden bisweilen vor punctirten
Noten, wenn eine höhere oder tiefere Note vorhergeht, ingleichen
bey den Einschnitten statt. Zu einiger Erläuterung des Gebrauchs
der Vorschläge bey Recitativen habe ich unten ein Beyspiel gegeben.

Noch

Noch eine Frage ist zu beantworten: In welcher Bewegung wird das Recitativ gesungen? Es pflegt nie ein Tempo von Componisten, außer dem begleiteten Recitative, wo es um der Instrumente willen geschieht, angemerkt zu werden. Dem Sänger ist es demnach überlassen, ob er geschwind oder langsam declamiren will, und der Inhalt der Worte, die Beschaffenheit des Affects, die in denselben liegt, muß ihm allein zur Anweisung dienen. Eine bloße Erzählung, und was dieser ähnlich ist, kann geschwinder, und muß geschwinder gesungen werden, als eine affectvolle Versicherung der Freundschaft, der Liebe, der Hochachtung; geschwinder, als der Ausbruch des Mitleids, der Klagen, und einer inbrünstigen Andacht; desto heftiger und beschleunigter aber müssen Zorn, Drohungen, Wuth und Verzweiflung fortströhmen. Ernstlicher und feyerlicher als mit Menschen, muß man mit Gott reden: das Recitativ in der Kirche, besonders wenn es die nächste Beziehung auf dieses allerhöchste Wesen selbst hat, erfodert daher den meisten Nachdruck, die meiste Würde, und eine langsamere Bewegung; doch müssen auch hier heftige Leidenschaften mit Heftigkeit vorgetragen werden, und ein erweckter Petrus muß anders seufzen, als eine niedergeschlagene Maria Magdalena.

Noch eine Anmerkung wegen des begleiteten Recitativs! Auserdem, daß auch in diesem der Sänger sich völlig nach dem Sinne der Worte, und der darinne ausgedrückten Leidenschaft richtet, und nach Beschaffenheit dieser geschwind oder langsam, mit Heftigkeit oder mit Gelassenheit singt, sey er doch nie, wenn die Instrumente einen kurzen und feurigen Zwischensatz ausgeführt haben, zu schleunig hinter drein, sondern lasse zwischen dem letzten Tone der Instrumente und dem Eintritte seiner Stimme immer einen kleinen Zwischenraum. Es ist dieß um so viel nöthiger, wenn er nur ein paar Worte zu singen hat, und dann die Instrumente sogleich wieder ein Zwischenspiel zu machen haben: öfters werden, wenn er zu sehr eilt, diese Worte gar nicht gehört, oder die Instrumentisten haben sich

auf

auf den Eintritt noch nicht gefaßt gemacht; denn diese müssen dem
Sänger auf dem Fuße nachfolgen, und in den meisten Fällen das
letzte Wort, so zu sagen, aus dem Munde nehmen.

Da nun überhaupt in den Recitativen die Modulation sehr mannichfaltig ist, da die schwerern Intervalle, so wie alle Arten der leichtern, oft darinne vorkommen, da außerdem weniger nach dem Tacte,
als nach Anleitung einer guten Declamation gesungen wird, so kann
ich zur Uebung des sogenannten Treffens, und eines verständlichen
Vortrags der Worte im Gesange nichts Bessers anrathen, als fleißig Recitative zu singen. Ich will einige vorschlagen, die entweder
gedruckt, oder sonst leicht zu haben sind. In der leichten erzählen-
den Art des unbegleiteten Recitativs kenne ich keine bessern, als die
in den Opern des Herrn Hasse, so wie die in seinen Oratorien wahre
Muster in der pathetischen Art, und überhaupt für die Kirche sind.
Aber für manchen Sänger möchte sie die Unwissenheit in der italiänischen Sprache unbrauchbar machen: nun so wird man unter den
Arbeiten verschiedener berühmter Kirchencomponisten, z. E. eines
Telemanns, Homilius, und anderer genug finden, womit man
sich üben kann. Man nehme, was wir gedruckt haben, dazu, den
Tod Jesu von **Graun,** den Tod Abels von **Rolle,** und, wenn
ich es wagen darf, meine Cantate auf die Ankunft der Landes-
herrschaft.

Folgendes Recitativ ist in Ansehung des Gebrauchs der Vorschläge nicht Vorschrift, sondern blos Beyspiel. Man wird einige
finden, deren oben nicht ist gedacht worden; andere werden
dagegen fehlen: aber so gehts! Man findet nicht immer, was man
sucht. Wenn aber nur das, was man findet, nicht schlechter ist,
als das, was man gesucht hat? nun das vermuthe ich nicht, weder
von folgendem Exempel, noch von meinem ganzen Buche.

Die du mit sanfter Macht tief in die Her-zen dringst, mit je-der

Lei-denschaft un-wi-der-steh-lich ringst, des Hel-den Herz ent-

flammst, Un-sterb-lich-keit und Eh-re in sei-nen Busen hauchst, bald

ei-ne fromme Zäh-re dem mitleids-vol-len Aug' ent-führst, und itzt den

Greis, und itzt den Jüngling rührst, und itzt Er-o-be-rer der

Cc 3

schönsten Herzen wirst, bey jenen Alpen schwör ich dir, wo sich Ho-

ra;, ge-lehrt von mir, in dei-ne sanften Tö-ne hüll-te, wo mein Pe-

trarch mit goldnen Saiten rang, und Me-ta-sta-si-o in deine Leyer

sang, den Schauplatz und die Welt er-füllte.

An-

Anhang.

§. 1.

Ehe ich von meinem Sänger Abschied nehme, muß ich ihm noch einige Kunstwörter und Nahmen erklären, die ihm oft zu Gesicht oder zu Ohren kommen möchten, und deren Bedeutung ihm nicht unbekannt seyn darf. Man werfe mir nicht vor, daß ich ihre Anzahl ohne Noth vergrößert habe. Vielleicht sind ihrer einige darunter, von denen mancher berühmte Sänger keinen allzu deutlichen Brgriff hat; aber ob er ihn nicht haben sollte? Besser ist immer besser; und der vollkommenste Musicus ist nicht der, der die größte mechanische Fertigkeit in seiner Kunst besitzt, sondern mit dieser Fertigkeit noch Einsichten und Verstand verbindet.

§. 2.

Es sind in der zehnten Lection einige italiänische Wörter erklärt worden, deren man sich bedient, die verschiedenen Grade der Stärke und Schwäche zu bemerken. Auf ähnliche Art pflegt die Bewegung über iedem musikalischen Stücke bestimmt zu werden. Diese Bewegung ist entweder geschwind oder langsam. Die erste bezeichnet man mit den Wörtern! Vivace, lebhaft, Allegro, munter, Presto, geschwind; die andere mit Largo, gedehnt, Adagio, langsam, Lento, das mit Adagio von gleicher Bedeutung ist, eigentlich aber einen etwas geringern Grad der Langsamkeit fodert. Gewisse mittlere oder höhere Grade der Bewegung zu verstehen zu geben, bedient man sich bey obigen Hauptwörtern entweder des Zusatzes der Wörter un poco, ein wenig, non tanto, nicht so sehr, non troppo, nicht zu sehr, molto oder di molto, viel, sehr; oder man macht aus einigen der oben angeführten Hauptbenennungen Diminutiva, und Superlativa, als Larghetto, ein wenig langsam, Allegretto, ein wenig geschwind, Prestissimo, am allergeschwindesten. Die mittlere Bewegung hat noch das eigene Wort Andante, das man im deutschen bald durch schrittmäßig, bald

bald durch gehend übersetzt. Der Zusatz con moto, **mit Bewegung,** den man bisweilen bey diesem Worte findet, deutet an, daß
man den Schritt ein wenig beschleunigen, und nicht ins Schleppende gerathen solle. Eben das wird auch mit dem abgeleiteten Worte
Andantino gesagt.

§. 3.

Außer diesen giebt es noch einige Wörter, welche mehr auf den
Character des Stücks, als auf die darinne herrschende Bewegung
gehen. Ich will ein Verzeichniß der gewöhnlichsten hersetzen:

Spiritoso, con spirito.	Gustoso, mit Geschmacke.
Con brio, feurig, hitzig.	Con tenerezza, zärtlich.
Dolce, con dolcezza,	Amoroso, zärtlich.
angenehm, sanft.	Lamentoso, klagend.
Affettuoso, rührend.	Mesto, traurig.
Cantabile, singend.	Grave, ernsthaft.
Grazioso, annehmlich.	Maestoso, majestätisch.

Mit allen diesen Wörtern ist freylich dem Sänger öfters eben so
wenig geholfen, wenn er den Character des Stücks nicht von selbst
einzusehen im Stande ist, als mit dem über so vielen musikalischen
Stücken befindlichen tempo giusto, **in der rechten Bewegung,**
wenn ihm sein Gefühl nicht sagt, welches die rechte Bewegung sey.
Für einige Sänger und Musicdirectores mögen diese Nachweisun-
gen wohl ganz heilsam seyn; aber mehr sind sie doch nicht, als der
Meilenzeiger, der vor dem Stadtthore steht, und zwar die Gegend
der Oerter, nebst ihren Entfernungen, nicht aber den richtigen Weg,
den man nie verfehlen könnte, anzeigt. Besser ist es, wenn man
sich in den Character, und in die rechte Bewegung eines Stücks hinein studiert; wenn man den Meilenzeiger zwar ansieht, aber immer
auf der Straße sich erkundigt, ob man auf dem rechten Wege sey;
das ist: wenn man das vorgeschriebene Wort zwar zum Leitfaden
nimmt, aber im Zusammenhange des Stücks fleißig auf Stellen
Achtung giebt, die den Grad des Affects und der Bewegung richtiger und genauer bestimmen. §. 4.

§. 4.

Noch ein Paar andere italiänische Worte, die eine Wiederholung entweder eines ganzen Theils, oder eines gewissen Stücks davon andeuten, und besonders in Arien, Duetten, Operchören u. d. g. oft vorkommen, verdienen hier angemerkt zu werden. Eine vollständige Arie besteht insgemein aus zwey Haupttheilen, von denen der erste wenigstens vier = bis fünfmal länger ist, als der zweyte; und dennoch pflegt immer der ganze erste Theil nach dem zweyten wiederholt zu werden; ob es des Sängers, des Componisten oder der Zuhörer wegen geschieht, weiß ich nicht; wenigstens wäre es der Worte wegen selten nöthig. In diesem Falle nun pflegt am Ende des zweyten Theils das Wort da Capo, vom Anfange, gesetzt zu werden. Bisweilen hat es der Componist besser befunden, nur ein Stück des ersten Theils wiederholen zu lassen, oder, wenn er am Schlusse des zweyten Theils, aus modulatorischen Ursachen, ein Ritornell angehängt hat, das Anfangsritornell von der Wiederholung auszuschließen. In diesem Falle wird da, wo die Wiederholung anheben soll, ein beliebiges, aber leicht ins Auge fallendes Zeichen gesetzt, und am Ende mit den Worten dal Segno, vom Zeichen an, auf dasselbe verwiesen, auch wohl zum Ueberflusse die Figur des Zeichens noch einmal vorgemahlt.

§. 5.

Vom Styl, oder den mancherley Schreibarten in der Musik, darf ein Sänger schon auch etwas wissen. Man versteht darunter einen gewissen unterscheidenden Character der Composition, welcher öfters auch eine Verschiedenheit in der Ausführung nothwendig macht. Die Länder, der Geschmack der Völker, das Genie der Autoren, der Ort, die Zeiten, die Materien, alle diese Dinge haben Einfluß auf die Musik, und bringen jenen Unterschied der Schreibarten, jene Eintheilungen des Styls hervor, deren Rousseau *) eine

gute

---

*) Im Dictionnaire de Musique unter dem Artikel Style.

D d

gute Anzahl nahmhaft macht. In Ansehung der Länder, und des Geschmacks ihrer Bewohner, unterscheidet man hauptsächlich den französischen und italiänischen Styl; den letztern nennt Rousseau mannichfaltig, eindringend und ausdrückend; den erstern fade, platt oder hart, übel abgetheilt und monotonisch. So schlimm würde wohl kein Deutscher oder Italiäner den französischen Styl beschreiben, als hier ein halber Landsmann von ihnen thut; wenigstens würde er hinzusetzen, daß sich itzt der Geschmack in der französischen Musik sehr zu ändern anfange, und man von den Psalmodien des Lulli in Frankreich immer mehr zurück komme. Den Styl der deutschen Compositionen beschreibt der Dictionnairverfasser als hüpfend, gehackt aber harmonisch. Man weiß sehr wenig, wenn man weiter nichts als das weiß; oder wenn vielleicht diese Beschreibung auf einige deutsche Synfonien und Concerte paßt, ist denn das sogleich der Styl der deutschen Compositionen überhaupt? Man glaubt vielmehr, wenn der italiänische Componist, meistentheils zu ausschweifend, immer nur das Ohr kitzelt, und den Ausdruck vernachläßigt, da der französische hingegen zu furchtsam und mager ist, daß der Deutsche zwischen beyden die vernünftige Mittelstraße halte, mehr Wissenschaft, mehr Ueberlegung als der erste, und mehr Feuer, mehr Erfindung als der andere habe.

§. 6.

„Auch das Genie der Componisten bringt eine Verschiedenheit der Schreibarten hervor. Besser schiene es mir, wenn man sich hier des bey den Malern üblichen Ausdrucks Manier, statt Styl oder Schreibart, bediente, und lieber sagte: die händelische Manier, die haßische Manier, die somellische Manier. Für den Componisten ist die Vergleichung der Manieren berühmter Meister ein sehr nützliches Studium; der Sänger ist hinlänglich gelehrt, wenn er eine von der andern zu unterscheiden weiß.

§. 7.

§. 7.

Es ist in einer Anmerkung zum §. 13. der fünften Lection der
freyen und gebundenen Schreibart gedacht worden, und ich will hier
noch eins und das andere zu einer vollständigern Erklärung beybringen. Die gebundene Schreibart herrscht in der Kirche, die
freye auf dem Theater und in der Kammer. Die letztere hat sich
zwar auch in die Kirche eingeschlichen, und es wäre nichts dagegen
zu sagen, wenn sie nur die eigenthümliche Schreibart derselben
nicht ganz zu verdrängen suchte. Die gebundene Schreibart ist die,
die alle Regeln der Harmonie, welche z. E. die Vorbereitung und
Auflösung der Dissonanzen, die Durchführung eines Stücks durch
verschiedene Tonarten u. d. g. betreffen, genau beobachtet, und selbst
die Melodien vieler Stücke so einrichtet, daß sie zu allerhand cano-
nischen und fugenartigen Nachahmungen und Umkehrungen brauchbar sind. Die freye Schreibart ist mit dergleichen harmonischen
Kunststücken nicht allein sparsamer, oder wenn sie bisweilen mit dergleichen auftritt, so sind es Ausschweifungen, die sie in das Gebiete
der gebundenen Schreibart thut; sondern sie erlaubt sich auch sehr
große Ausnahmen von den oben angeführten Regeln der Harmonie
und der Modulation. Man wird über den Mißbrauch dieser Freyheiten oft klagen hören: da man aber durch eine immer gleichförmige
Beobachtung der Regeln das Ohr verwöhnen, wo nicht gar eben so
wohl beleidigen kann, als durch die Vernachläßigung der Regeln;
da wir außerdem aus der Erfahrung, und aus der Geschichte der
Musik wissen, daß vieles, was unsern Vorfahren abscheulich t
unsern Ohren das reizendste Vergnügen macht, so thut man Unrecht,
wenn man sogleich alles, was uns etwan unerhört und .nerlaubt
vorkömmt, verwirft. Es gehören Versuche, öfters fruchtlose Versuche dazu, wenn der Umfang einer Kunst erweitert und höher getrieben werden soll. Das Genie wagt auf Kosten der Regel, und
was in der ersten Hand nicht gelang, wird vielleicht in der zweyten
erträglich, und in der dritten eine Schönheit.

Dd 2 §. 8.

§. 8.

Eine andere merkwürdige Eintheilung der Schreibarten ist die, welche von den Oertern, wo Musiken aufgeführt werden, hergenommen ist. Die Kirchen, die Schauplätze, die Zimmer oder Säle sind diese Oerter. Den Musiken unter freyem Himmel hat man keine besondere Classe eingeräumt, sondern sie unter einer der drey Gattungen mit begriffen. Diese sind nun der **Kirchenstyl,** der **Theaterstyl** und der **Kammerstyl.** Der erste erfodert Ernsthaftigkeit, Würde, Ausdruck, volle und kräftige Harmonie, viel von der gebundenen Schreibart, und läßt wenig oder gar nichts von dem zu, was blos Schimmer in der Musik, blos Kitzel der Ohren ist. Der Theaterstyl darf mehr schimmern, weniger gebunden seyn, weniger Kunst der Harmonie anwenden; aber ausdrückend, feurig, in gewissen Stellen malerisch, das kann, und das soll er seyn. Den meisten Schimmer, den höchsten Grad der mechanischen Fertigkeit, und alles, was weniger auf Rührung als Bewunderung gerichtet ist, läßt die dritte Gattung, der Kammerstyl zu. Feuer, Erfindung, Kühnheit, Kunst der Harmonie, neue Wendungen, alles ist hier am rechten Orte; denn hier ist es, wo sich die Musik gern in ihrem ganzen Umfange zeigen mag. In der Kirche, auf dem Theater arbeitet sie zu bestimmten Absichten; hier aber kennt sie keine andere Absicht, als die, zu glänzen, und bewundert zu werden.

§. 9.

Wer noch mehr Eintheilungen des Styls oder der Schreibarten verlangt, der kann in **Walthers** musikalischem Lexico, unter dem Artikel Stylus, noch eine reiche Nachlese halten. Selbst **Roußeau** hat aus dieser Quelle geschöpft. Unsere lieben Vorfahren ließen es nie an Eintheilungen fehlen, und wenn sie sich manchmal in ein anderes Fach verirrten, so ward des Eintheilens kein Ende. So ist es ihnen mit den Schreibarten ergangen. Alles, was wir unter dem Ausdrucke und dem Character eines Stücks verstehen, zogen sie mit zum Style. Sie hatten einen lustigen, scharfen, ausdrü-

drückenden, ehrbaren, zärtlichen, bewegenden, sogar einen nieder=
trächtigen und kriechenden Styl. Es war ihnen nicht genug, für
die Tanzstücke einen eigenen Stylum choraicum anzunehmen, son=
dern dieser mußte auch noch in so viele besondere Style subdividirt
werden, als es Arten von Tanzstücken gab. Sie hatten demnach
den Sarabanden = Menuetten = Passepieds = Gavotten = Boureen = Ri=
gaudons, Gaillarden = Couranten = Styl. Andere Eintheilungen
der Schreibart in die erhabene, mittlere und niedrige, in die ernst=
hafte und comische, in die gezwungene und natürliche, in die schwül=
stige und fließende scheinen etwas mehr auf sich zu haben, und wür=
den eine nähere Beleuchtung verdienen, wenn ich nicht zu weitläuf=
tig zu werden befürchtete, und wenn der Sänger von allen diesen
Dingen so gründlich unterrichtet seyn müßte, als der Componist.

§. 10.

Nun will ich den Sänger zum Schluße noch mit den Namen
und Gattungen der Stücke, die er unter die Hände bekommen wird,
bekannt machen. Einige sind nur in der Kirche gebräuchlich; an=
dere kommen in der Kirche, auf dem Theater und in der Kammer
vor. Zu dieser letztern Gattung gehört das **Recitativ,** wovon in
voriger Lection genug gesagt worden ist. Ferner gehört hieher die
Arie, die aus zween Haupttheilen besteht, von denen der erste, nach
dem zweyten, ganz oder zum Theile wiederholt wird, auch selbst in
der Mitte noch eine Abtheilung hat, wo ein förmlicher Schluß in
die Qvinte des Hauptrons, oder eine andere verwandte Tonart ge=
macht wird. Der verschiedene Character der Arien wird von den
Italiänern auf folgende Art bestimmt: Eine Arie, die einen feuri=
gen Gesang und viel schwere Passagien hat, nennen sie Aria di bra-
vura, weil gleichsam viel Herzhaftigkeit zum Absingen derselben ge=
hört. Von der Art ist die Arie: Non verranno a turbarti i riposi
im Alcide al bivio von Hasse. Wenn die Begleitung der Instru=
mente sehr rauschend und schwärmend ist, und dabey die Singstimme
mehr declamirt als singt, wie in der Arie: Ah! che son fuor di me,

aus

aus Amore artigiano von Gasmann, so nennt man es Aria di strepito. Eine Arie, die viel Abwechselung, viel Contrast der Leidenschaft en hält, und daher auch bisweilen die Bewegung verändert, heißt Aria d'espressione. Ein Beyspiel hat man an der Arie: Nò, del tuo figlio il sangue, in der Oper Artemisia von Hasse. Aria cantabile wird iede langsame oder weniger geschwinde Arie genannt, und man hat in den sogenannten Adagio=Arien des seligen Graun, so wie in vielen andern seiner Arien, davon die besten Muster.

§. II.

Wenn eine Arie nur aus einem Theile besteht, und folglich keine Wiederholung gestattet, so nennt man es eine Ariette oder Cavatine. Es kommen auch bisweilen in Cantaten zwischen Recitativen kürzere oder längere Stellen vor, die einen arienmäßigen Gesang haben, und denen zur Ariette nichts fehlt, als die Länge und die Ritornelle; eine solche Stelle wird ein Arioso genannt. Alles bisher Gesagte ist vom einstimmigen Gesange zu verstehen. Ist der Gesang in zwo Stimmen vertheilt, so entsteht daraus das sogenannte Duett, das der Einrichtung nach mit der Arie einerley Form hat; wenigstens haben in Cantaten die Duette diese Gestalt. Die Opernduette italiänischer Componisten haben meistentheils einen sehr angenehmen Gesang, viel Glänzendes für die Singstimmen, auch hin und wieder eine gut gewählte und abstechende Begleitung. Sucht man aber in dieser Gattung allerhand contrapunctische Kunststücke, Umkehrungen der Stimmen, canonische Nachahmungen, so werden allerdings die Graunischen und Hassischen Duette den Vorzug verdienen. Dank sey es den wackern Männern, die uns eine Sammlung der erstern *) in die Hände gegeben haben! Es können die=

*) Sie sind in Partitur unter dem Titel: Duetti, Terzetti, Quintetti, Sestetti ed alcuni Chori delle Opere del Sign. *Carlo Enrico Graun*, già Maestro di Capella di Sua Maestà il Rè di Prussia, zu Berlin, auf Kosten der Herren Decker und Hartung, in groß Folio gedruckt. Die Einrichtung ist auf drey Bände gemacht, wovon schon zwey erschienen sind, welche ein und dreyßig Duette enthalten.

dieselben zur Aufführung in Concerten, und zur Uebung in Singschulen mit Nutzen gebraucht werden. Außerdem giebt es noch eine besondere Gattung, die man Schulduette nennt, weil sie für die italiänischen
Singschulen bestimmt, oder wenigstens nach der Form solcher Duette
eingerichtet sind. Sie haben keine Instrumentalbegleitung, sondern
blos einen bezifferten Baß bey sich. Man findet sie mit und ohne
Text. Sie enthalten öfters allerhand künstliche Nachahmungen, und
von dieser Seite betrachtet kann man einige derselben zu den Meister-
stücken der Composition rechnen. Die Steffanischen Duette würden diesen Vorzug noch ietzt verdienen, wenn sie nicht für unsere
Zeiten zu altmodisch, und nicht auch in lauter veralteten Tactarten
geschrieben wären. Brauchbarer sind die zwölf Duette des P. Mar-
tini, welche im Jahre 1763 zu Bologna gedruckt, und Ihro Königl. Hoheit, unserer verwittweten Churfürstinn, zugeeignet sind.
Sechs Duette von Degiardino, die ebenfalls gedruckt sind, empfehlen sich durch einen leichten angenehmen Gesang, doch sind sie nicht
von gleicher Güte, auch nicht frey von Fehlern gegen die Reinigkeit
des Satzes.

§. 12.

Ein Stück für drey Singstimmen wird ein Terzett genannt.
In den Graunischen Opern kommen deren verschiedene vor, und
sie werden den dritten Band des vorhin erwähnten Werks ausmachen. Vier Singstimmen geben zu der Benennung Qvartett An-
laß; aber eigentlich machen auch vier Stimmen ein Chor aus.
Der Unterschied unter beyden ist, daß im Qvartett iede Stimme
eigene Worte vorzutragen hat, und daher meistentheils allein singen
muß, bis auf gewisse Stellen, wo zwey, drey, oder auch alle vier
Stimmen sich vereinigen, und zusammen singen können; im Chore
hingegen haben alle Stimmen einerley Worte: sie singen daher immer zugleich, wenn nicht etwan einige Pausen in einer oder der andern Stimme den vierstimmigen Gesang unterbrechen, und auf eine
geringere Anzahl der Stimmen herab setzen. Ein Chor kann demnach

nach auch mit so viel Sängern besetzt werden, als man deren haben kann, oder für nöthig erachtet; die Stimmen eines Qvartets hinge= gen müssen nur einfach besetzt werden. Ein sehr schönes Qvartett findet man gegen das Ende der Oper Alcide al bivio von Hasse. Nun wird man auch wissen, mit welchen Augen man ein Qvintett, Sestett, ein fünf= und sechs= auch wohl mehrstimmiges Stück an= zusehen habe. Die sogenannten Finale der neuern comischen ita= liänischen Opern gehören hieher. Nur Schade, daß sie wegen der vielen Handlung, die darinne vorgeht, außer dem Theater wenig zu brauchen sind.

§. 13.

Alle vorher genannte und beschriebene Stücke sind die Ingre= dienzien zu den zusammengesetzten größern Singstücken, die man mit den Namen Cantate, Oper, Pastorale, Oratorium, Serenade u. s. w. belegt; nicht als ob eben alle zugleich darinne vorkommen müß= ten : denn so lange man noch Cantaten für eine Stimme wird schreiben dürfen, werden auch Duette, Terzette und Chöre davon ausgeschlossen werden können. Ehemals wurden von italiänischen und französischen, auch verschiedenen deutschen Componisten, viel dergleichen einstimmige Cantaten, mit einer bloßen Generalbaßbe= gleitung, zum gesellschaftlichen Vergnügen componirt. Heut zu Ta= gen scheinen die Arien aus Opern, die man, manchmal verstümmelt genug, in einen Clavierauszug bringt, diese Cantaten zu verdrängen, und den Componisten die Mühe zu ersparen, ferner dergleichen zu componiren. Wir haben indeßen auch verschiedene gute Cantaten mit vollstimmiger Instrumentalbegleitung, unter denen sich die vier in Kupfer gestochenen von Pergolesi, besonders die erste: Orfeo, und die vom sel. Capellmeister Graun, von denen leider nur eine einzige gedruckt ist, auszeichnen. Gelegenheitscantaten, die zu Ge= burts= und Namenstagen, bey Hochzeiten und andern Solennitäten aufgeführt werden, können den Gesang in mehrere Stimmen ver= theilen, besonders wenn ihre Einrichtung dramatisch ist; sie pflegen auch

auch nicht ohne Chor zu seyn. Werden diese Cantaten Abends aufgeführt, so sind sie das, was man Serenade nennt.

§. 14.

Die Oper ist eine dramatische Vorstellung einer erdichteten oder wahren Begebenheit, welche singend geschieht, und mit Instrumenten begleitet wird. In Ansehung der Personen, die darinne auftreten, und entweder Götter oder Menschen sind, theilt man sie ein, in die Götter- und Heldenoper: zur ersten Gattung gehören viele französische Opern; zur zweyten die meisten Opern des großen musikalischen Dichters Metastasio. Diese Opern sind im Ganzen genommen ernsthafte Opern, und erfodern viel Pracht der Aufführung, und viel Geschicklichkeit von Seiten der Sänger; wie sie denn überhaupt für diese das zu seyn scheinen, was die Pythischen Spiele für die griechischen Virtuosen waren. Die comische Oper (Opera buffa) ist eine neuere Erfindung der Italiäner, die ihre Scenen aus dem gemeinen Leben entlehnt, weniger auf Pracht der Vorstellung und Vollkommenheit des Gesanges siehet, indeß viel Feuer und Erfindung von Seiten des Componisten fodert, und gar nicht zu verachten wäre, wenn sie nicht oft in Possen und Ungezogenheiten ausartete. Die Franzosen haben sich längst mit dieser Gattung von Schauspielen in ihrer Sprache amüsirt, und die Deutschen haben auch, seit Kurzem, Gelegenheit bekommen, sich darüber theils zu freuen, theils zu ärgern, daß man mit ihrer Sprache den ersten Schritt in einer Sache wagte, die auf den Gesang der Nation einen so heilsamen Einfluß haben konnte, die in ihrer Entstehung schon eben so viel werth war, als manches andere deutsche Schauspiel, und der zur Vollkommenheit nichts fehlte, als Unterstützung, und zehn Jahre Geduld.

§. 15.

Wenn die Scene einer solchen Oper nach Arcadien verlegt, und Personen aus dieser erdichteten Schäferwelt aufgestellt werden, so pflegt man es ein Pastorale zu nennen. Ein vortreffliches Muster eines solchen Pastorals haben wir an dem in Partitur gedruck-

ten

ten Trionfo della fedeltà von **Ihro Königl. Hoheit** der verwittweten Churfürstinn von Sachsen, wo Text und Composition von
dieser Durchl. Verfasserinn sind. Die Oper Leucippo von **Hasse**
gehört auch in dieses Fach.

§. 16.

Ist die Handlung aus der Bibel oder aus der geistlichen Geschichte
genommen, so nennt man es ein **Oratorium**, und dieses wird sodann an festlichen Tagen in den Kapellen oder Zimmern grosser
Herren, ohne Action und theatralische Verkleidung, aufgeführt.
Die **Händelischen** Oratorien sind berühmt; außer diesen möchten
wohl die von Herrn **Hasse**, und namentlich: I Pellegrini, Sant'
Elena al Calvario, La Conversione di St. Agostino (wozu abermals
die Poesie von unserer Durchl. verwittweten Churfürstinn ist), die
Vollkommensten seyn, die wir in dieser Art besitzen. Im Deutschen hat der **Tod Abels**, von Herrn **Rolle** componirt, die zu einem Oratorio erfoderliche dramatische Einrichtung; da hingegen der
Tod Jesu des Herrn **Ramlers** schicklicher eine Passionscantate
genennt wird, weil ihm diese dramatische Einrichtung fehlt.

§. 17.

Allmählich sind wir der Kirchenmusik wieder etwas näher gekommen. Sie hat, in Ansehung der Oratorien und der in den evangelischen Kirchen eingeführten Cantaten, mit der Theatermusik einige
Aehnlichkeit; daß diese Aehnlichkeit aber sich nicht bis auf die
Schreibart erstrecken müsse, habe ich schon oben gesagt. Es sind
nun noch einige Gattungen von Musikstücken zu erklären übrig, welche der Kirche besonders eigen sind; dahin gehören die Motteten,
Missen, Hymnen, und Chorale.

§. 18.

Die **Mottete**, (ein Nahme, der auf verschiedene Art geschrieben
wird, und um dessen Abstammung sich der Sänger so sehr nicht zu bekümmern hat), ist eine über einen biblischen Spruch, meistentheils nur
für Singstimmen, verfertigte musikalische Composition, welche aus
Fu-

Fugen und allerhand kurzen Nachahmungen besteht, wenigstens bestehen solte. Die Einführung einer Choralmelodie, deren Worte
sich öfters mit dem biblischen Spruche sehr glücklich verbinden lassen,
schließt diese harmonischen Kunststücke nicht aus, wenn der Componist ihnen nur gewachsen ist. Man findet diese Motteten vier = fünf=
und sechsstimmig, oder mit abwechselnden Chören, zwey = drey = und
vierchörig. Herr Homilius in Dresden, dieser gründliche und
vortrefliche Kirchencomponist, hat deren verschiedene gemacht, die
vor vielen andern den Vorzug mit Recht behaupten. In Italien
und Frankreich giebt es noch eine andere Art von Motteten: ge-
reimte lateinische Verse, in Recitativ und Arie abgetheilt, von einer
Stimme gesungen und mit Instrumenten begleitet, belegt man mit
eben diesem Namen. Im Concert spirituel zu Paris sollen diese
Motteten bisweilen keine geringe Figur machen.

§. 19.

Die Missen sind musikalische Compositionen über gewisse lateinische Worte, die man aus biblischen Sprüchen zusammen gesetzt
hat. Die Worte bleiben immer dieselben, und fangen sich mit
Kyrie eleison an. Sie werden am stärksten beym catholischen Gottesdienste gebraucht; doch sind sie auch in einigen evangelischen Kirchen, als z. E. hier in Leipzig, eingeführt. Zur Composition einer
Misse gehört eben so viel harmonische Stärke, und noch mehr melodischer Reichthum, als zu einer Mottete, weil der Inhalt abwechseln-
der und mannichfaltiger ist. Sie wird insgemein mit starker Instrumentalbegleitung aufgeführt. Schwächere Sätze, ein = zwey=
und dreystimmige Sologesänge, wechseln oft mit stärkern Sätzen, mit
vollen Chören ab; und die künstlichen Nachahmungen, deren die erstern fähig sind, so wie die gründlich gearbeiteten Fugen der letztern,
erhalten den Zuhörer so sehr in der Aufmerksamkeit, und machen einen so feyerlichen Eindruck, daß man gut geschriebene Missen unter
die vorzüglichsten Meisterstücke der Composition rechnen kann. Der
ehemalige Kirchencomponist Zelencka in Dresden war in dieser Art

vortreflich. Seit seiner Zeit hat sich vieles in dieser Schreibart geändert, ob es Verbesserung oder Verschlimmerung seyn, mögen andere
entscheiden; gewiß ist es aber, daß man manchmal, wenn man das
Vorspiel der Instrumente im Anfange einer im neuesten Geschmack
geschriebenen Misse hört, auf die Gedanken gerathen könnte, die
Musici hätten sich vergriffen, und statt der Misse eine Sinfonie aus
einer italiänischen comischen Oper in die Hände bekommen, bis man
hinter drein die Worte: Kyrie eleison hört. Absit blasphemia
verbis! Aber sollte man da zu unserm lieben Gott nicht eben das
sagen, was Lulli sagte, als er eins seine Opernrecitative in der Kirche hörte? „Nimm es nicht übel, lieber Gott! es ist nicht für dich
„gemacht.„

§. 20.

Von gleicher Wichtigkeit für die Kirchenmusik sind die Hymnen, gewisse allgemeine, oder auf besondere Feste eingerichtete
Lobgesänge, wovon wir am Te Deum laudamus und am Magnificat
ein Paar ehrwürdige Beyspiele haben. So billig sonst die Foderung ist, daß alles, was beym Gottesdienste vorgeht, in einer für ie-
dermann verständlichen Sprache sey: so leicht kann man doch, in
Ansehung einiger dieser Gesänge, der lateinischen Sprache das Wort
reden, als einer, erstlich zum Gesange sehr bequemen Sprache; die,
zweytens, das Recht der Verjährung vor sich hat; und drittens,
durch den langen und öftern Gebrauch dieser Gesänge selbst dem ge-
meinsten Manne nicht mehr ganz unverständlich geblieben ist. Mehrere aber und neue einzuführen, möchte wenigstens in deutschen Gemeinden nicht wohl zu rathen seyn. Wie viel Vortrefliches hat die
Musik nicht durch Veranlassung der beyden oben genannten Hymnen erhalten? Graun, Hasse, Jomelli, Bach haben Meisterstücke geliefert, und die Zahl derselben würde ansehnlich vergrößert werden können, wenn alles, was über diese Texte geschrieben
ist, bekannter wäre. Sie werden bald mit Begleitung der Instrumente,

mente, in Gestalt der Missen aufgeführt; bald ohne Begleitung
blos von Singstimmen, nach Art der Motteten, gesungen.

§. 21.

Die Hymnen haben ohne Zweifel zur Einführung der
geistlichen Lieder beym Gottesdienste Gelegenheit gegeben.
Bey den reformirten Gemeinden sind dafür die Psalmen Davids,
nach gewissen alten Uebersetzungen und Melodien, im Gebrauche;
doch hat man an einigen Orten Deutschlands angefangen, sie mit
andern Liedern zu vertauschen. Die Melodien dieser Lieder sind das,
was wir heut zu Tage den **Choralgesang** nennen, der dem **Figu-
ralgesange** entgegen gesetzt ist. Unter dem erstern versteht man
von Alters her, einen Gesang, der nach Noten von gleichem Werthe, ohne Tactmaaß, und ohne harmonische Begleitung von mehrern Stimmen, gesungen wird. Einige Reste dieses alten Choral-
gesanges haben sich in unsern Kirchen in den Collecten, in den Prä-
fationen an hohen Festen, und überhaupt im Singen des Priesters
vor dem Altare erhalten. Der **Figuralgesang** wird nach
Noten von ungleichem Werthe, nach mancherley Tactmaaßen, und
in verschiedener Bewegung, mit mehrern Stimmen harmonisch unterstützt, gesungen. Die letzte dieser Eigenschaften findet sich auch
bey unsern Chorälen, und von dieser Seite betrachtet gehören sie
zur Figuralmusik. Wie gut oder schlecht es mit dem Absingen dieser vierstimmigen Gesänge in unsern gottesdienstlichen Versammlungen von Statten gehe, werden die am besten wissen, denen die Natur ein zu reiner Harmonie gestimmtes Ohr verliehen hat. Die
Fehler hier zu verbessern, und den Mißlaut, wo nicht ganz abzu-
schaffen, doch zu vermindern, muß man von der Zeit erwarten, unterdeß aber auf den Schulen dazu vorbereiten. Man lasse die Schüler fleißig rein gesetzte Choräle vierstimmig singen, und bey allen Gelegenheiten so lange vom Blatte singen, bis sich die Wendungen der
Harmonie ihrem Gefühle und Gedächtnisse fest eingedrückt haben.
Man erlaube ihnen nie Manieren, Triller, oder gar Läufer, nach

ihrem

ihrem Gefallen anzubringen, und damit den Gesang mehr zu verun-
stalten als zu zieren. Simplicität ist der wesentlichste Character des
Chorals. Man gewöhne sie vielmehr, ieden Ton mit gemäßigter
Stimme, ohne Schreyen, Drücken und Kreischen, rein und fest zu
halten, und mit dem nächst folgenden Tone, ohne gewaltsames Hau-
chen und Stoßen, sanft zu verbinden. Durch diese Sorgfalt, eine
der vornehmsten Pflichten eines Cantors, wird man endlich ein
Menschengeschlecht auftreten, und sich in alle Stände vertheilen sehen, welches ein rein gestimmtes Ohr, und eine zum möglichsten
Wohlklange eingerichtete Kehle in öffentliche Versammlungen bringt.

§. 22.

Von weltlichen Liedern, deren wir, zum erlaubten Vergnügen,
eine Menge guter und schlechter, in großen und kleinen Sammlungen
haben, halte ich nicht für nöthig, viel zu sagen. Sie müssen mehr
mit Verstande und Ausdrucke, als mit Verbrämungen und Schnör-
keln, mit sanfter und leichter Stimme gesungen, und auch so gespielt
werden. Die dem Inhalte und dem Affecte angemessene Bewegung ist eine der nothwendigsten Observanzen bey denselben. Ein
gutes Clavier ist zur Begleitung das vorzüglichste Instrument.

§. 23.

Es ist im Vorigen der Fugen und Nachahmungen einigemal gedacht worden. Instrumentalfugen kommen in der Kirche, in der
Kammer, auch wohl bisweilen auf dem Theater vor. Singefugen
gehören allein für die Kirche. Kurze Nachahmungen sind überall
am rechten Orte. Die Fuge ist ein künstliches musikalisches Stück,
in welchem ein einziger melodischer Gedanke herrscht, so daß er von
allen Stimmen nachahmend wiederholt, und den Regeln der Modulation gemäß, in verschiedene Tonarten versetzt wird. Dieser Haupt-
gedanke wird das **Thema** oder das **Subject** genannt, und wenn
eine Stimme damit anfängt, so heißt diese der **Führer** (Dux); die
darauf folgende Stimme, die eben diesen Gedanken in einer höhern
oder tiefern Tonart wiederholt, heißt der **Geführte** (Comes).

Die

Die dritte Stimme ist wieder Führer, und die vierte Stimme wieder Gefährte. Will man die Nahmen Führer und Gefährte lieber
auf den Gesang, und nicht auf die Stimme, die ihn vorbringt beziehen, wie es denn bisher so üblich gewesen, so habe ich nichts dagegen; zur Erklärung der Sache ist eins so gut als das andere.
Bisweilen wird zu dem Hauptsatze noch ein anderes schickliches
Subject erfunden, und mit diesem entweder sogleich im Anfange,
oder in der Mitte verbunden; man nennt dieß ein **Contrathema**,
oder **Contrasubject**, und die Fuge selbst heißt eine **Doppelfuge**.
Ein meisterhaftes Beyspiel einer solchen Fuge ist das Chor: Christus hat uns ein Vorbild gelassen, in der Graunischen deutschen
Passionscantate. Das zweyte Thema oder Contrasubject tritt mit
dem achzehnten Tacte, und mit den Worten ein: „Auf daß wir sol-
„len nachfolgen seinen Fußtapfen.,, Im acht und zwanzigsten Tacte hebt die Verbindung mit dem ersten Subjecte an, und so wird
die Fuge bis zu Ende, vermittelst allerhand künstlicher Versetzungen
und Nachahmungen, durchgeführt. Diese versetzten Nachahmungen
haben noch ein eigenes Kunstwort; sie werden **Repercussion**
genannt. Die mancherley Gattungen von Fugen, und alle
darinne angebrachten Kunstgriffe zu erklären, ist eben so wenig meine Absicht, als es für den Sänger nöhig ist. Nach Beschaffenheit
der Anzahl der Stimmen hat man zwey-drey-vier-und mehrstim-
mige Fugen. Wer von allen diesen Dingen mehr Nachricht verlangt, wird seine völlige Befriedigung in Herrn **Marpurgs** Abhandlung von der Fuge finden.

§. 24.

Wenn ein fugenartiger Satz, oder ein anderer melodischer Gedanke entweder ganz, oder auch nur zum Theile, von zwey, drey und
mehr Stimmen, im Einklange oder in verschiedenen Tonarten wiederholt, sodann aber mit andern Gedanken fortgefahren wird, so nennt
man dieß eine **Nachahmung**, und zwar eine **canonische Nachahmung**, wenn sie den ganzen Gedanken enthält, in einerley Inter-

val-

vallen, und in Noten von eben demſelben Werthe geſchieht; die an=
dere, die nicht den ganzen Gedanken betrift, auch nicht an eben die=
ſelben Intervalle gebunden iſt, heißt eine freye Nachahmung.
Von der canoniſchen Nachahmung, und vom Canon habe ich in der
neunten Lection gehandelt.   Man pflegt auch bisweilen die gebun=
dene Schreibart canoniſche Schreibart zu nennen, und man thut
in ſo fern nicht unrecht, als die canoniſche Schreibart eine Gattung
der gebundenen iſt.   Wenn man aber den canoniſchen Styl contra=
punctiſche Schreibart nennt, ſo muß man ſich den Unterſchied zwi=
ſchen einfachen und doppelten Contrapuncte hinzu denken.   Der
einfache Contrapunct hat nichts mit der canoniſchen Schreib=
art zu thun; ſondern wenn zu einer Stimme eine andere harmoniſch
geſetzt wird, ſo iſt das ein einfacher Contrapunct; wenn aber die
harmoniſche und melodiſche Folge der Intervalle in der zweyten
Stimme ſo eingerichtet wird, daß man ſie gegen jene verwechſeln,
d. i. dieſe oben, und jene unten ſetzen kann, ſo heißt das doppelter
Contrapunct, und dann iſt die Benennung richtig, weil die
canoniſche Schreibart ſich darauf gründet.

ENDE.

www.ingramcontent.com/pod-product-compliance
Lightning Source LLC
Chambersburg PA
CBHW030402270326
41926CB00009B/1237